まちごとチャイナ

Chongqing 004 Dazu

大足

天国と地獄の「石刻絵巻」

Asia City Guide Production

【白地図】大足と西南中国

CHINA
重慶

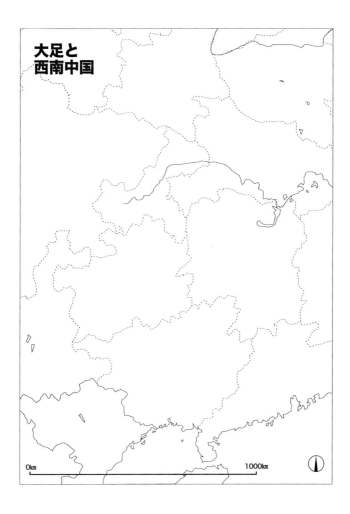

【白地図】重慶〜成都

CHINA
重慶

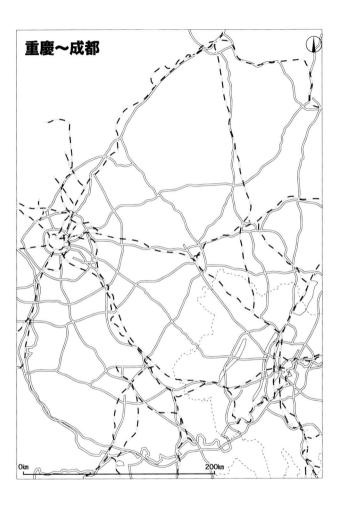

【白地図】大足

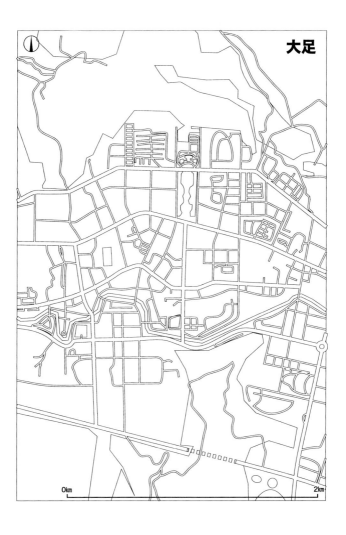

【白地図】大足旧城

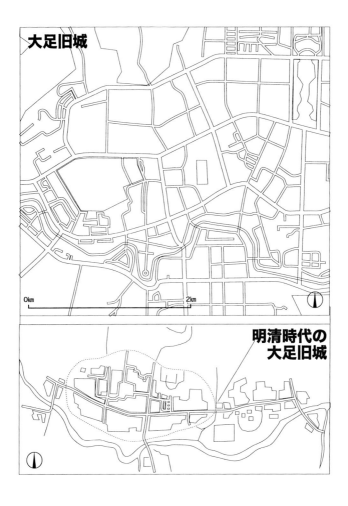

【白地図】北山

CHINA
重慶

北山

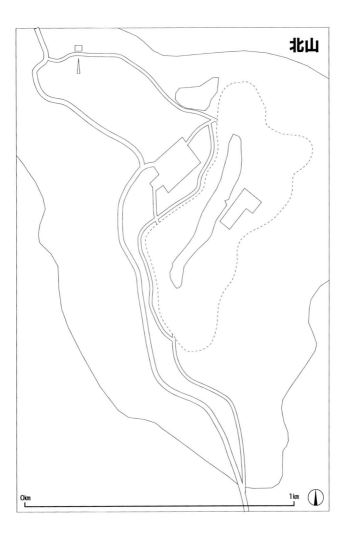

Dazu 白地図

【白地図】北山石刻

CHINA
重慶

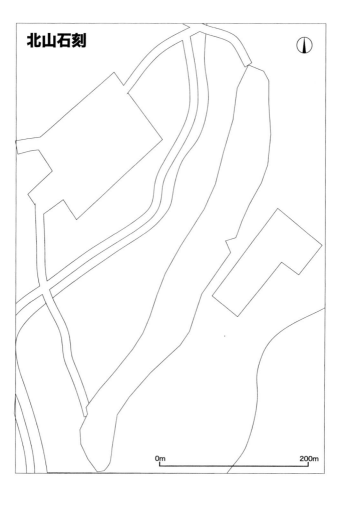

【白地図】大足～宝頂山

CHINA
重慶

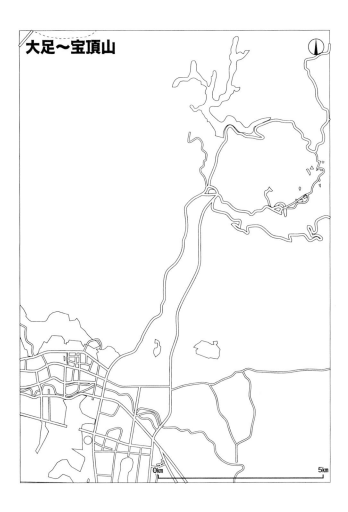

【白地図】宝頂山

宝頂山

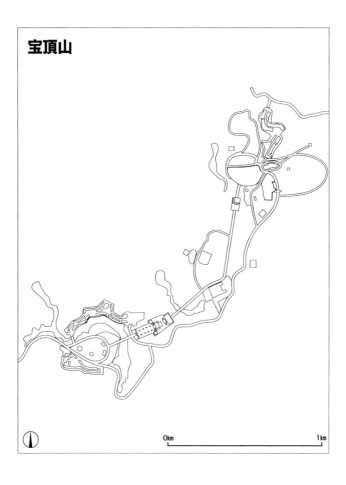

【白地図】大仏湾

大仏湾

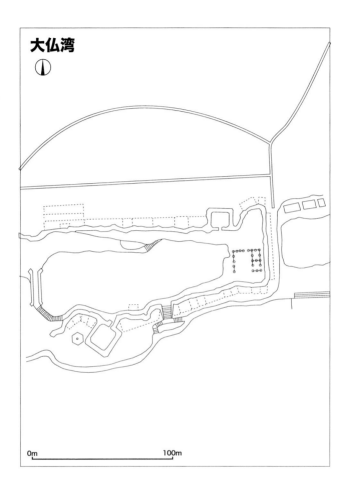

0m　　　100m

Dazu ｜ 白地図

【白地図】小仏湾

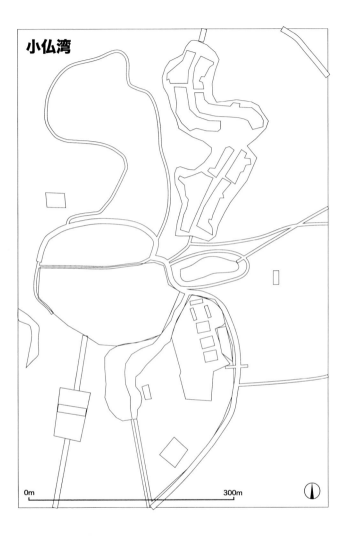

【白地図】石門山

CHINA
重慶

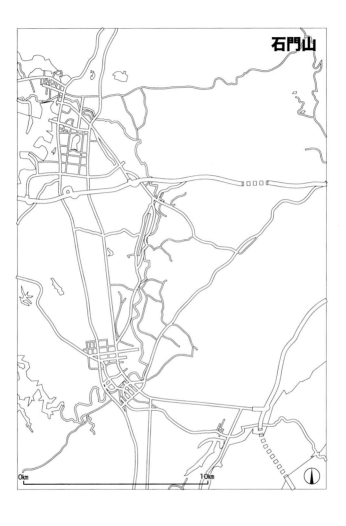

石門山

Dazu 白地図

【白地図】石籨山

CHINA
重慶

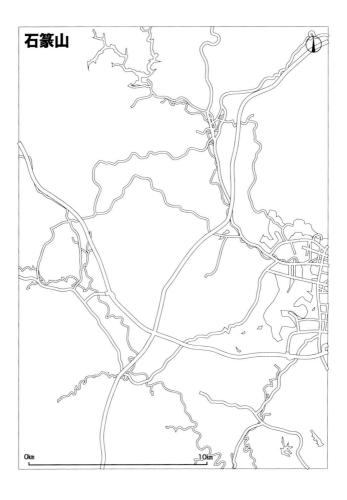

石篆山

Dazu 白地図

【白地図】大足郊外

CHINA
重慶

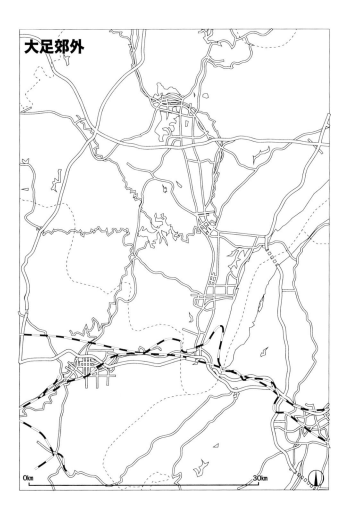

【まちごとチャイナ】
重慶 001 はじめての重慶
重慶 002 重慶市街
重慶 003 三峡下り(重慶〜宜昌)
重慶 004 大足
重慶 005 重慶郊外と開発区

CHINA
重慶

重慶と成都のちょうど中間に位置する大足(重慶市)。ここ大足には唐末から宋代にかけて彫られた石刻が75か所に渡って残り、とくに馬蹄形の断崖に変相図(仏教説話)が展開する「宝頂山」と、大足市街北部の「北山石刻」がその代表格となっている。

大足という街名は、唐代に「大いに足る(豊かである)」という意味でつけられ、以来、1000年以上この名前で呼ばれてきた。四川盆地に位置する大足は、物産豊かなうえ、華北と違って戦乱に巻き込まれることも少なく、華北で仏教が衰退した

大足 dà zú ダアズウ
Da Zu 大足

あとも豊かな造像活動が続いた。

　こうしたところから、黄河中流域の造仏に代わって、唐末から五代、北宋、南宋といった後期（9～13世紀）の仏教石刻・石窟文化がこの大足で花開くことになった。保存状態も悪くなく、鮮やかな彫刻技術と造型は今なお健在で、1999年に大足石刻として世界文化遺産に指定されている。

【まちごとチャイナ】

重慶 004 大足

目次

大足 ……………………………………………………… xxviii

重慶の世界遺産大足へ ………………………………… xxxvi

大足市街城市案内 ……………………………………… xliv

北山鑑賞案内 …………………………………………… lvii

南山鑑賞案内 …………………………………………… lxxx

大足は密教の一大道場 ………………………………… lxxxv

宝頂山鑑賞案内 ………………………………………… xci

大仏湾鑑賞案内 ………………………………………… cii

小仏湾鑑賞案内 ………………………………………… cxxxii

石門山鑑賞案内 ………………………………………… cxl

石篆山鑑賞案内 ………………………………………… cliii

大足郊外城市案内 ……………………………………… clxii

四川重慶の仏教と絲綢之路 …………………………… clxix

【MEMO】

【地図】大足と西南中国

【地図】重慶〜成都

CHINA
重慶

重慶～成都

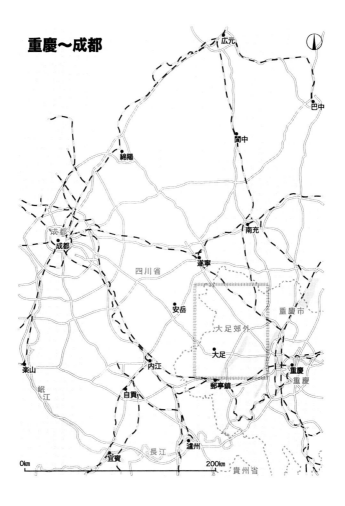

重慶の
世界遺産
大足へ

シルクロードの仏教石窟が衰退しはじめたころ
それに代わるように長江上流域の四川盆地で
石刻（石窟）芸術が花開いた

中国仏教石窟／石刻の世界

インドから西域、そして中国にもたらされた仏教。仏教では、アジャンタ、エローラ（インド）でも見られるように、仏像や仏画を刻み、修行の場とした石窟が開削されていった。中国仏教石窟の場合、現存する最古の石窟（4世紀の北涼）を残す甘粛省「敦煌石窟」、初期（北魏）の山西省「雲崗石窟」、中期（北魏、唐）の河南省「龍門石窟」が代表的なものとなっている。これらシルクロード、華北に刻まれた石窟に対して、大足の石刻は中央から離れた四川盆地に刻まれたこと、廃仏のため華北で仏教石窟の造像がとまった唐末から南宋にかけ

Dazu　重慶の世界遺産大足へ

ての後期（9〜13世紀）の石刻が残ることを特徴とする（大足では初唐の650年に尖山子摩崖造像から開削がはじまり、唐代、五代、北宋、南宋、明清時代まで開削が続いた）。四川地域は多雨多湿の気候のため、内部空間をもつ「石窟」は適さず、紅砂岩の岩壁を浅く彫った「石刻（仏龕）」形式であることも特筆される。敦煌や雲崗、龍門石窟にくらべて規模は大きくないが、大足では石刻の中国化が進み、仏教、道教、儒教の混交も見られ、漢民族の好む題材を扱う（密教色が強い）。また他の石窟群にくらべ、遅れて大足の調査研究ははじまり、1945年、楊家駱によってその価値が見出された。

CHINA
重慶

大足のかんたんな歴史

重慶四川地域に位置する大足は都からはるか遠く、唐宋時代まで、古代百越の一派である僚人が活動していたという。大足の発展は、安史の乱(755〜763年)で唐の玄宗や多くの文人たちが四川へ逃れたことにはじまり、758年にこの街は大足と名づけられた。885年、昌州の治所が大足南西35 kmの栄昌から大足へと遷され、大足は昌州の政治、経済、文化の中心となった。藩鎮の節度使が大足を拠点とした唐末五代と、宋代は大足が大いににぎわい、この時期に大足石刻が刻まれている(1279年、南宋が滅亡するまで昌州がおかれた)。

▲左　世界遺産の大足石刻、あざやかに彩色されている。　▲右　宝頂山の大足石刻博物館

その後、モンゴル軍の南宋末、明清交替期に人口が激減するなど、興廃を繰り返し、清初期に無人の荒野と化した四川盆地を湖南、湖北からの移民で埋めたことから、大足の言葉はこの地方のものに近いという（大足方言は、南方各省の移民によって形成された）。大足は長らく四川省の一部を構成していたが、1975年から重慶の管轄になり、1997年に重慶が直轄市となったことで大足も四川省から分離した。

CHINA
重慶

大足という名前

大足という街名は「大豊大足(大いに豊かで、大いに足る)」という意味で名づけられたとも、大足市街を東西に流れる大足川(瀨溪河)からとられたものだともいう。「天府の国」と称されるほど、大足の位置する四川盆地は物資が豊富で、唐代、大足川には商人が集まり、「豊足(豊富で、充実している)」していた。ほかには宝頂山石刻近くの聖跡池に残る、ブッダが昇天する前に残したという足跡(大足)からとられたという説もある。いずれにしても豊かな大足の経済力が、仏教石刻の造像活動を支えることになった。

【MEMO】

CHINA
重慶

大足石刻の構成

四川盆地を流れる河川、また街道沿いに石刻が刻まれ、広元、成都、岳山、巴中など、四川省東部から重慶市にかけて仏教石刻（石窟）が多く分布する。大足は四川盆地の東南に位置し、大足では北山や宝頂山を中心に75か所に渡って6万あまりの石刻が残る（香川県の8割ほどの面積）。これほど集中的に見られるところは重慶市大足と、隣接する四川省安岳ぐらいだという。大足市街の北側にあり唐末から五代にかけての仏教石刻が刻まれた「北山」、南側にあり道教石刻が見られる「南山」、また市街からは少し離れるが、大足石刻の

Dazu 重慶の世界遺産大足へ

白眉である大仏湾を擁する「宝頂山」、その他では「石門山」「石篆山」が代表的な大足石刻となっている（これらの石刻群は開削された時期やモチーフに差異があることから、唐代の堅い雰囲気から宋代の優美なたたずまいというように、それぞれの石刻や仏像によって趣が異なる）。この大足への足がかりとなるのが、成渝古道が走り、鉄道駅のある「郵亭」で、その北側の「龍水」は長らくこの地方の工業地として知られてきた。

Guide, Da Zu
大足市街城市案内

石刻の郷、五金之郷
そんな言葉で語られてきた大足
世界遺産の大足石刻への足がかりとなる街

大足旧城 大足旧城 dà zú jiù chéng ダアズウジィウチャン[★★☆]
大足の街は、瀬溪河のほとり（北側）に開け、唐代の758年に大足県がおかれた。「橋戸輻輳」と言われ、川の岸辺には船で運ばれてきた商品がずらりとならんでいたという。885年、昌州の政治、経済、文化の中心となり、唐末には節度使の拠点があった（北山石刻を開削した韋君靖の都がおかれたが、やがて成都の王建に征服され、数年後に唐朝も滅亡した）。北宋になると成都、重慶を結ぶ交通の往来が盛んになり、その中間にあり州内に塩井を抱える大足もにぎわって「海棠香国（海棠はバラ科の花）」ともたたえられた。清初期の戦乱

Dazu 大足市街城市案内

で四川が無人の荒野と化したため、広東、江西、湖広などからの移民（客民）が大足にやってきて、彼らはいずれも本籍地の神を信仰した。清代の大足ではそれらをまつる廟や会館が数多くあり、同郷、同族による地主支配が見られた。清末から中華民国時代には、「大足県では仏・道ふたつあり、人びとは両教を信仰している」「（大足は）県下農村との一交易場であるに過ぎない」という記録も残る。大足は重慶と成都のちょうど中間に位置することから、両者の文化や食文化の融合の地であり、四川盆地内にある重慶市（重慶は四川盆地外）という性格をもつ。

【地図】大足

【地図】大足の [★★★]
- [ ] 北山石刻 北山石刻ベェイシャンシイカア

【地図】大足の [★★☆]
- [ ] 大足旧城 大足旧城ダアズウジィウチャン
- [ ] 双塔路 双塔路シュゥアンタアルウ
- [ ] 多宝塔 多宝塔ドゥオバァオタア
- [ ] 南山石刻 南山石刻ナァンシャンシイカア

【地図】大足の [★☆☆]
- [ ] 宏声文化広場 宏声文化广场
  ホォンシェンウェンフゥアグゥアンチャアン
- [ ] 大足商城歩行街 大足商城步行街
  ダアズウシャンチャァンブウシィンジエ
- [ ] 大足石刻博物館 大足石刻博物馆
  ダアズウシイカアボオウウグァン
- [ ] 南塔 南塔ナァンタア

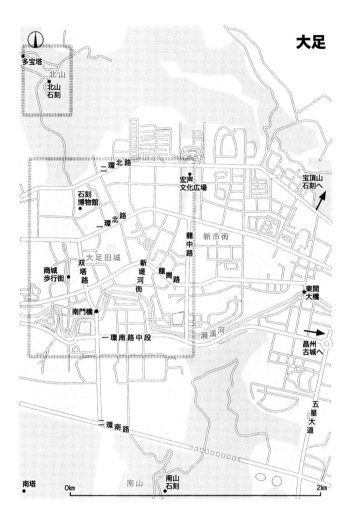

【地図】大足旧城

【地図】大足旧城の [★★☆]
- [ ] 大足旧城 大足旧城ダアズウジィウチャン
- [ ] 双塔路 双塔路シュゥアンタアルウ

【地図】大足旧城の [★☆☆]
- [ ] 宏声文化広場 宏声文化广场
  ホォンシェンウェンフゥアグゥアンチャアン
- [ ] 大足商城歩行街 大足商城步行街
  ダアズウシャンチャァンブウシィンジエ
- [ ] 大足石刻博物館 大足石刻博物馆
  ダアズウシイカアボオウグァン

CHINA
重慶

大足旧城の構成

北山石窟のある龍崗山、南山石窟のある南山というように周囲を山に囲まれ、その中央を西から東に瀬溪河(沱江支流の大足川)が流れる。大足旧城はこの瀬溪河の北岸につくられ、唐宋時代は土城で、石の城壁をもっていなかった。その後の明清時代、大足県は円形に石の城壁をめぐらせ、南門橋がちょうど県城の正面(正門)にあたった。東は新堤河街、北は北環路が大足旧城の領域で、その中心が双塔路あたりだった。こうしたなか、現在では大足旧城の東城外の地が開発され、宏声文化広場を中心に大足新市街を形成している。

宏声文化広場 宏声文化广场
hóng shēng wén huà guǎng chǎng
ホォンシェンウェンフゥアグゥアンチャアン ［★☆☆］

大足旧城の東関（東門外）にあたった場所に整備された宏声文化広場。現在の大足市街の中心でもあり、人びとの集まる憩いの場となっている。広場の北側には大足区政府が位置し、広場から南に向かって真っ直ぐに龍中路が伸びている。宏声文化広場一帯にはかつて東関鎮があり、明代から橋があったという東関大橋が架かり、そこから大公路（現在の棠鳳路と石刻大道）が南東に伸びていた。

CHINA
重慶

双塔路 双塔路 shuāng tǎ lù シュゥアンタアルウ ［★★☆］

明清時代以来の大足旧城の中心で、南北に通りが続く双塔路。こぢんまりとしているが、あたりには商店や料理店がならぶ。この双塔路と瀬溪河（大足川）の交わる地点に大足旧城の正門（南門）がおかれていた。双塔路は旧南門外の南山・南塔と、北山・北塔を結ぶ中軸線でもある。

大足商城歩行街 大足商城步行街 dà zú shāng chéng bù xíng jiē ダアズウシャンチャァンブウシィンジエ ［★☆☆］

明清時代の大足旧城中心部に位置する大足商城歩行街（大足

▲左　大足旧城の中心にあたる双塔路。　▲右　こちらは新市街にある宏声文化広場

旧城は、現在の市街西半分にあたる）。通りの両脇には店舗がならび、歩行街として整備されている。大足商城歩行街に並行して双塔路が走り、北側で老北街と通じる。

大足石刻博物館 大足石刻博物馆 dà zú shí kè bó wù guǎn
ダアズウシイカアボオウウグァン　[★☆☆]

世界遺産に指定された大足石刻の展示研究を行なう大足石刻博物館。「中国仏教芸術陳列庁」「大足石刻芸術陳列庁」からなる。またこの大足石刻博物館とは別に、宝頂山石刻にも博物館が整備された。

CHINA
重慶

昌州古城 昌州古城 chāng zhōu gǔ chéng
チャァンチョウグウチャアン ［★☆☆］

昌州は唐代の758年に、重慶市西部（栄昌、大足、永川など）を行政単位として設置された。当初は栄昌に行政府がおかれたが、885年に大足に遷され、大足が昌州の政治、経済、文化の中心となった。当時の大足は、瀬溪河（大足川）の沿岸に人や物資が各地から集まる「橋戸輻輳」の状態だったという。唐末、北山石刻を開削した節度使の韋君靖は、この昌州を拠点としたが、やがて同じ節度使の成都の王建に滅ぼされた（王建は五代十国「前蜀」を建国した）。この昌州古城は

Dazu 大足市街城市案内

当時の昌州を再現すべく新たに建てられたもので、城楼、古県衙、米店、客桟などが見られる。昌州（栄昌や大足）は「海棠香国（バラ科の海棠が香る都）」や棠城とたたえられ、五代から宋代にかけてにぎわった。

**Guide,
Bei Shan**
北山
鑑賞案内

唐末、この地方の節度使によって
開削がはじめられた北山石刻
それは世界遺産大足石刻群の胎動のときでもあった

北山石刻 北山石刻
běi shān shí kè ベェイシャンシイカア ［★★★］

大足市街の北2kmに位置する高さ560mの北山こと龍崗山に展開する北山石刻。唐末の892年、この地方の昌州刺史の韋君靖が自らの拠点（昌州＝大足）そばの龍崗山に食料の貯蔵地、駐屯地として永昌寨を築き、その西壁に仏龕を開削した。同時に仏教寺院を整備して、仏の加護で人びとが安泰に暮らせるように祈念した。その後、唐末から五代、南宋まで、大足の官吏や名士、仏教僧、人びとによる造像が250年がかりで継続し、1162年には現在の北山石刻の姿になった。宝

CHINA
重慶

頂山石刻にくらべて年代が早く、唐末の純粋な仏教様式から、五代、宋代の庶民的な仏教美術へと、時代の変遷を物語る石刻群が残る。また仏教経典や仏教の教えにもとづく図象が多く、くわえて当時の四川という地域性(密教化した仏教)も特徴となっている。1999年に世界遺産に指定された。

▲左 龍崗山牌坊、ここから先が北山こと龍崗山となる。 ▲右 北山石刻は宝頂山とならぶ大足石刻の傑作

北山石刻の構成と神さま

北山（龍崗山）の仏湾、北塔、常盤坡、観音坡、仏耳岩などに刻まれた仏教石刻群、また寺廟。このなかで仏湾をいわゆる北山石刻と呼び、南から北まで全長300m、高さ7～10mの新月状の石崖（大足石刻北山長廊）に石刻が残る。南段から開削がはじまって唐代と五代のものが見られ、北段は北宋、南宋時代のものが多い（あわせて264の中小の窟と龕、7の石碑、8つの経巾童、10の題記）。北山石刻の彫られた唐宋時代は観音信仰の黄金時代で、さまざまな種類の観音像、そして阿弥陀仏も見られる。また宋代の水月観音は観音の名前

CHINA
重慶

がついているが、実際は中国独自の諸神崇拝が観音化されている。北山石刻のうち、唐代のものとして「西方浄土変」「薬師仏」「地蔵観音並列像」「千手観音」「毘沙門天像」、五代と宋代のものとして「熾盛光仏」「地蔵十王」「水月観音」「孔雀明王」「羅漢淵源」などが挙げられる。宋代の仏像は密教（後期仏教）的な要素が色濃い。

韋君靖碑 韦君靖碑 wéi jūn jìng bēi
ウェイジュンジィンベェイ（第 2 号）[★☆☆]

唐末、大足北山石刻を開削した昌州刺史の韋君靖の碑。韋君靖は陝西省の人で、勇武知兵で知られ、唐末の昌州刺史となり、以後、昌（大足）、普（内江）、渝（重慶）、合（合川）の四州を指揮下においた（配下の武将と子弟関係を結び、小型藩鎮をつくった）。892 年、韋君靖は永昌寨＝北山石刻を築き、この韋君靖碑は 895 年に刻まれた。高さ 1.8m、幅 3m で、当時の成都の王建に対抗するために永昌寨を造営した旨が記されている。韋君靖碑に隣接して韋君靖像（第 1 号）が残る。

【地図】北山

【地図】北山の [★★★]
- ☐ 北山石刻 北山石刻 ベェイシャンシイカア
- ☐ 転輪経蔵窟 转轮经藏窟 チュゥアンルゥンジィンザァンクウ

【地図】北山の [★★☆]
- ☐ 西方浄土変 西方浄土変 シイファンジィントゥビィエン
- ☐ 多宝塔 多宝塔 ドゥオバァオタア
- ☐ 二仏 二佛 アアフウ

【地図】北山の [★☆☆]
- ☐ 韋君靖碑 韦君靖碑 ウェイジュンジィンベェイ

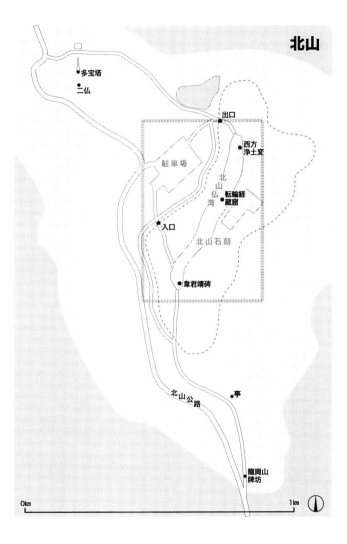

【地図】北山石刻

【地図】北山石刻の [★★★]
- ☐ 北山石刻 北山石刻ベイシャンシイカア
- ☐ 転輪経蔵窟 转轮经藏窟チュウアンルゥンジンザァンクウ

【地図】北山石刻の [★★☆]
- ☐ 水月観音像 水月观音像 シュイユゥエグゥアンイィンシィアン
- ☐ 数珠手観音像 数珠手观音像 シュウチュウショウグゥアンイィンシィアン
- ☐ 西方浄土変 西方浄土变 シイファンジィントゥビィエン

【地図】北山石刻の [★☆☆]
- ☐ 韋君靖碑 韦君靖碑 ウェイジュンジンベェイ
- ☐ 毘沙門天王像 毗沙门天王像 ピイシャアメェンティエンワァンシィアン
- ☐ 千手観音像 千手观音像 チィエンショウグゥアンイィンシィアン
- ☐ 釈迦牟尼仏像 释迦牟尼仏像 シイジィアモォウニイフォオシィアン
- ☐ 三世仏 三世佛 サァンシイフォオ
- ☐ 古文孝経碑 古文孝经碑 グウウェンシィアオジンベェイ
- ☐ 蔡京碑 蔡京碑 ツァイジンベェイ
- ☐ 摩利支天像 摩利支天像 モオリイチイティエンシィアン
- ☐ 孔雀明王像 孔雀明王像 コォンチュエミィンワァンシィアン

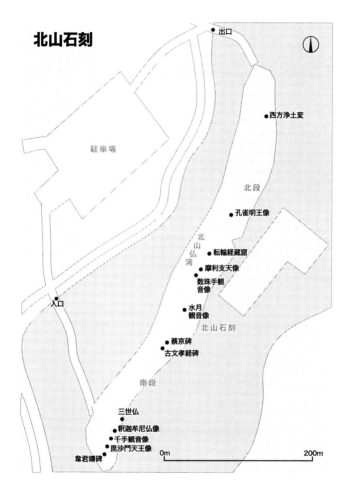

CHINA
重慶

毘沙門天王像 毗沙门天王像 pí shā mén tiān wáng xiàng
ピイシャアメェンティエンワァンシィアン(第5号)[★☆☆]

毘沙門天は仏教の護法神で、四天王のひとり。北方の守護神であることから北方天王ともいう。毘沙門天像は甲冑を身にまとった高さ2.5m、幅0.83mで黄砂岩製(龕の高さ2.95m、幅2.74m)。ふたりの頭を踏みつけ、ひとりの頭のうえに坐る姿は、勝利を象徴する。

▲左　ふくよかな体型の釈迦牟尼仏像。　▲右　こちらは四川重慶でよく見られる千手観音像

千手観音像 千手观音像 qiān shǒu guān yīn xiàng
チィエンショウグゥアンイィンシィアン（第9号）[★☆☆]

韋君靖の命で彫刻された千手観音像。千手観音は唐宋時代の四川地域で好まれた神さまで、人びとの願いをかなえるため千の手をもつ（実際は省略されている）。金剛座に坐る灰砂岩製の像は、高さ1.56m、幅0.54mで、晩唐時代のもの。

釈迦牟尼仏像 释迦牟尼仏像 shì jiā móu ní fó xiàng
シイジィアモォウニイフォオシィアン（第10号）[★☆☆]

ブッダこと釈迦牟尼仏が安置された釈迦牟尼仏像。袈裟を着

CHINA
重慶

て、結跏趺坐した高さ1.24m、幅0.62mの坐像で、晩唐に制作された。釈迦牟尼仏像の両脇には、重厚な迦葉と若々しく聡明なアーナンダの像が立つ。

三世仏 三世佛
sān shì fó サァンシイフォオ（第51号）[★☆☆]
過去・現在・未来の3世が描かれた三世仏。中心に結跏趺坐した釈迦牟尼仏（現在）が位置し、両端が迦葉仏（過去）、弥勒仏（未来）となっている。灰砂岩で、晩唐のもの。

古文孝経碑 古文孝经碑 gǔ wén xiào jīng bēi
グウウェンシィアオジィンベェイ（第 103 号）[★☆☆]

北山石刻仏湾、北段部分の最南端に残る古文孝経碑。南宋孝宗（1163～94 年）時代の石碑で、孔子が述べたという『孝経』が刻まれている。『孝経』は儒家が理想とした教えで、「古文（22 章）」と「今文（18 章）」あるが、「古文（22 章）」が残されているのはめずらしい。高さ 3.26 m，総長は 8.14m になる。

蔡京碑 蔡京碑 cài jīng bēi ツァイジィンベェイ（第 104 号）[★☆☆]

南宋孝宗（1163～94 年）に刻まれた蔡京碑。宋代の書法家

蔡京によるもので、38行、2645字が残る。白砂岩の碑の高さは3.79m、幅は1.36mで、趙懿簡公神道碑ともいう。

水月観音像 水月观音像 shuǐ yuè guān yīn xiàng
シュイユゥエグゥアンイィンシィアン（第113号）[★★☆]
北山石刻を代表する高さ53cmの水月観音像。背後に円形の背光があり、右膝を立て、花冠を頭に載せる。水辺の近くに坐り、静かなたたずまい、温和な表情で水中の月を見ている。左手は蓮華のつぼみをもち、右手は施無畏印を結んでいて、そのたたずまいから風流観音とも呼ばれる。水月観音は33

▲左　北山石刻を代表する仏像のひとつ水月観音像。　▲右　摩利支天像はインド的要素が強い

観音のひとつで宋代以後流行し、中国人が好む観音でもある（中国土着の神さまが観音化された）。北宋時代に制作された。

数珠手観音像 数珠手观音像 shù zhū shǒu guān yīn xiàng シュウチュウショウグゥアンイィンシィアン（125号）[★★☆]

大足北山石刻でもっともすぐれた彫像にあげられる数珠手観音像。長いあいだ、土のなかに埋もれていたが、1933年に掘り出された。美しいまぶた、柔和な肌など、美少女のような可憐なたたずまいを見せ、「媚態観音」とも、「東方のヴィーナス」とも呼ばれる（観音＝アバロキタスバラはもともと男

CHINA
重慶

性だが、中国で女性化された)。右手に数珠を、左手で右手をもつ高さ92cmの彫刻で、宋代に彫られた。

摩利支天像 摩利支天像 mó lì zhī tiān xiàng
モオリイチイティエンシィアン（第130号）[★☆☆]

3つの頭、左右4本ずつある手をもつ摩利支天(マーリーチー)の像。陽炎、太陽神スーリヤを中国化させた神さまで、像の高さ1.32m、口を開けて笑みを見せる。宋代に制作され、中国ではめずらしい神像となっている。

転輪経蔵窟 转轮经藏窟 zhuǎn lún jīng zàng kū
チュゥアンルゥンジィンザァンクウ（136 号）[★★★]

南宋の紹興年間（1142 〜 46 年）に彫られた、大足北山石刻でも 20 あまりの神像彫刻群が集まる転輪経蔵窟。高さ 4.05m、幅 4.13m、奥行き 6.07m の石窟の中央に、輪廻を表す八角形の支柱（転輪経、8 本の龍身の柱）が立つことから転輪経蔵窟の名がある。また心神車の彫刻にちなんで心神車窟ともいう。正面壁には「釈迦牟尼仏」、その左右に「迦葉」「浄瓶観音」と、「阿難」「大勢至菩薩」が位置する。また左壁には自信に満ちた獅子に乗る「文殊菩薩」、玉印を結んでいる高さ

CHINA
重慶

1.43mの「玉印観音」、高貴なたたずまいの「如意珠観音」、右壁には中国女性を思わせる「普賢菩薩」、保存状態の良い高さ1.47mの「日月観音」、「数珠手観音」が展開する。

孔雀明王像 孔雀明王像 **kǒng què míng wáng xiàng**
コォンチュエミィンワァンシィアン（155号）[★☆☆]
結跏趺坐した孔雀明王と、明王の乗る蓮台を支える孔雀が刻まれた孔雀明王像（大仏母孔雀明王窟）。この像は北宋の1126年に彫られ、孔雀明王は左の上の手は経典、下の手は扇を握り、右の上の手は如意珠、下の手は孔雀の羽毛を握る。

▲左　北山石刻は唐末から五代、宋、南宋にかけて彫られた。　▲右　多宝塔とその前に坐る二仏

密教的要素が強いとされ、陀羅尼の威力を神格化したという（孔雀明王は、宝頂山と北山の双方に認められる）。中央の柱に刻まれた高さ3.47m、幅3.22mの孔雀明王像の、周囲の三面には千仏が配置されている。

西方浄土変 西方浄土变 xī fāng jìng tǔ biàn
シイファンジィントゥビィエン（245号）[★★☆]

530体の人物像、30種類の楽器はじめ極楽世界が描かれた西方浄土変（観無量寿経変相龕）。阿弥陀如来を教主とする極楽浄土は西方にあると考えられ、念仏を唱えれば誰でも救済

CHINA
重慶

され、極楽浄土に往生するという(仏教の一派であるこの浄土教は唐代に盛んになった)。幅2.6m、高さ3.85mの石刻の中央には阿弥陀仏、観音、大勢至の西方三聖が位置し、その上部には西方極楽浄土、中央下には極楽往生にあたっての階位である三品九生、下部には古代インドの宮廷争いが描かれている。唐末(892〜906年)の楽器、建築、服飾、舞踏など、豊富な意匠や遠近法を今に伝える石刻で、晩唐の傑作芸術にあげられる。

多宝塔 多宝塔 duō bǎo tǎ ドゥオバァオタア［★★☆］

北山石刻（仏湾）と対峙するように、丘陵の頂にそびえる高さ31mの多宝塔。北塔ともいい、南宋の紹興（1148～1154年）年間に建てられ、明清時代に改修された。八角形のプランをもち、中は8層、外は13層で、頭頂には大きな宝珠が載っている。この宝塔の様式は、数多くの檐（軒）が密集していることから、密檐式塔という。多宝塔とは『法華経（宝塔品）』に記された、釈迦牟尼仏と多宝仏の二仏が並座する塔を意味する。

CHINA
重慶

二仏 二佛 èr fú アアフウ ［★★☆］

二仏は多宝塔の前に位置する2体の大仏で、北山背塔二仏（塔を背にした2体の仏像）とも呼ぶ。ともに高さ10mほどで、両手をひざに載せる釈迦牟尼仏と、左手で鉢をもつ多宝仏がならんで坐る。多宝仏は東方の宝浄国の教主で、『法華経』説法の際に宝塔を出現させたという。多宝仏がこの宝塔中の半座を釈迦牟尼仏に譲ったという話をもとにこの二仏（二仏並座）は刻まれた。北山石刻で最大の仏像となっている。

Guide,
Nan Shan

南山鑑賞案内

CHINA
重慶

大足市街の南郊外に広がる南山
北山仏教石刻と対象的に
こちらではめずらしい道教の石刻が見られる

南山石刻 南山石刻
nán shān shí kè ナァンシャンシイカア　[★★☆]

大足市街から南に2kmのところにあり、市街をはさんで北山と対峙する南山に残る南山石刻。この山は広華山とも呼ばれ、樹木がしげる幽玄な世界に包まれていて、街を包みこむ「南山翠屏」を形成する。南山石刻は先にはじまった北山の仏教石刻に対抗するように、道教側が南宋の紹興年間（1131〜62年）に造像をはじめた。宋代の大足は東州道院と呼ばれ、道教が栄え、南山には玉皇観（南禅寺）が立っていた（道教と仏教が市街をはさんで南北で対峙する状態になった）。南

山石刻では、長さ86 m、高さ3.5m〜10.2mほどの断崖に500余体の道教像が残り、宋代の道教石窟のなかでもっとも保存状態のよいものとなっている。

后土三聖母 后土三圣母 hòu tǔ sān shèng mǔ
ホォウトゥサァンシェンムウ（第4号）[★☆☆]
南宋時代に開削され、道教の地母神が刻まれた后土三聖母（送子娘娘）。龕の高さ3.15m、幅2.75mで、正壁の后土三聖母のほか、左壁には九天監生大神、右壁には九天送生夫人の姿もある。

三清古洞 三清古洞 sān qīng gǔ dòng
サァンチィングウドォン（第5号）[★☆☆]

南宋紹興年間（1131～62年）のもので、道教の最高神である三清と四御が刻まれた三清古洞。上清霊宝天尊を中央に、両脇に玉清元始天尊、太清太上老君が配置され、三清を補佐する四御（玉皇大帝、紫徴大帝、勾陳大帝、后土皇祇）の姿も見える。左側壁面上部には青、赤、緑で彩色された「天尊巡游図」があり、三清古洞全体で道教の世界観が示されている。また甬道の壁には230の道教の神さまの像が残るほか、外側壁面には黄道十二星宮が刻まれている。

▲左 三清古洞、南山石刻では道教石刻が見られる。　▲右 山の頂点にひっそりと南塔が立つ

龍洞 龙洞 lóng dòng ロォンドォン（第15号）[★☆☆]

身を4度折り、頭を東に、尾を西に向ける石龍が刻まれた龍洞。前の両爪を石の上に、後ろの両爪を地面におき、天を飛ぼうとする姿勢を見せる。石窟の大きさは高さ3.46m、幅2.10mになる。

南塔 南塔 nán tǎ ナァンタア [★☆☆]

南山石刻西方の南塔坡にひっそりと立つ大足南塔（文峰塔）。北塔にくらべて新しく、清代の同治帝（1861〜75年）時代の創建で、円形プランをもつ9層の塔となっている。

大足は密教の一大道場

インドで大乗仏教末期に形成された密教
唐代、中国密教は全盛となったが華北ではすたれ
四川盆地で受け継がれることになった

密教と四川の柳本尊

大足では晋（265〜420年）代から仏教が信仰され、唐宋時代に盛んになった。次々に西域から仏教僧が渡来するなかで、中国では善無畏の『大日経』、金剛智の『金剛頂経』などの翻訳で、唐代の8世紀には密教が知られるようになった。陀羅尼（呪文）や図像をもちいた瞑想、呪術的要素を特徴とする秘密仏教（密教）で、中国では瑜伽宗、秘密宗、密宗とも呼ばれた（チベット経由で伝わった「蔵密」と、漢族に受け入れられた「漢密」は系統が異なる。呪法や符法、壇法は密教と道教の両者にある）。こうしたなか、唐末の成都に柳居

CHINA
重慶

直（855〜942年）という密教系の半僧、瑜伽行者が現れた。柳居直は目をえぐり、耳を切り、指を焼くなど、十煉の苦行を修め、秘密呪を念仏して、水を薬と化し、人びとの病気を治していた。戦乱に苦しむ民衆を救済していく柳居直は、「柳本尊」と呼ばれて崇拝され、柳本尊教派（民間仏教集団）は成都を中心に信者を広げていった。やがて前蜀の高祖王建の庇護を受け、柳本尊は「成都瑜伽教主」と呼ばれるようになった。この柳本尊が布教を行なっていた時期は、ちょうど韋君靖が大足北山石刻の造像をはじめていたころ（892年）と重なる。

▲左 密教的要素が色濃いのが宝頂山石刻の特徴。　▲右 南宋時代の人びとの様子がいきいきと描かれている

柳本尊から趙智鳳へ

1160年、大足東部の米糧郷（弥陀郷、宝山頂の南）で趙智鳳は生まれた。趙智鳳は16歳のときに、弥牟鎮本尊院に趣き、柳本尊教派の教えを学んだ（ここはかつて柳本尊が教化した地であった）。やがて趙智鳳は故郷（大足）に帰り、柳本尊の苦行にならって、耳を切りとり、頭頂を焼くなどの苦行をし、布教活動を行なった。趙智鳳は資金を募って、宝頂山に聖寿寺を建て、70年がかりで小仏湾と大仏湾を中心に1万あまりの磨崖仏を彫った。それらは水陸法会の収入や塩業の援助者から資金が工面されたもので、大足は未曾有の密教

道場へと変貌した。こうして宋代以後、成都近郊で衰退していた柳本尊教派の拠点は、それまでの成都と広漢から、四川盆地東南部の大足、安岳あたりに遷り、趙智鳳は柳本尊教派の「中興の祖」となった。密教では、師と弟子は特殊な関係をもち、法を授ける阿闍梨（師）は大日如来の顕現ともされるため、趙智鳳は終生、柳本尊への信仰を続けた。

石刻で表現された変相図

仏教経典の多種多様な内容を、大きな壁面に描き出すことは、唐代、都市の仏教寺院で盛んに行なわれた。こうした何らか

Dazu 大足は密教の一大道場

の説話（仏教説話）の主題を視覚した造形を「変相図」と呼び、長安や洛陽から四川盆地にも伝わった。「変」とは「動き」を、「変相」とは「動きの相」を意味し、大足石刻では経文を絵画や彫刻に変えた、この変相図が展開する。図像を連続させて話の内容を動的に表現する変相図は、文字の読み書きができなくともわかりやすく、民衆の教化に効果を発揮した（ある人が苦しむさまを図にしたものを、「地獄変」「地獄変相」と呼び、人びとの道徳観の形成に役立った）。大足宝頂山にも、引香師という絵解き僧がいて、石刻の内容を平易に説き聞かせていたという。

Guide,
Bao Ding Shan
宝頂山
鑑賞案内

「上に峨眉を朝し、下に宝頂を朝す」
峨眉山に匹敵するとさえ言われた大足宝頂（仏教霊山）
70か所におよぶ大足石刻のなかの最高峰

宝頂山石刻 宝顶山石刻 bǎo dǐng shān shí kè
バァオディンシャンシイカア [★★★]

大足市街の東北15㎞位置し、70年の月日をかけて開削された石刻が残る宝頂山。唐末、柳本尊が開いた柳本尊教派の道場があり、南宋時代、その仏教を再興させるべく、趙智鳳（1159年〜）によってここに一大密教道場が造営された。1177年、小仏湾そばにまず聖寿寺を建立し、その後、1179年に宝頂山石刻の開削がはじまった。高さ15m、全長280mの馬蹄形の石崖に31の龕と窟がならび、造像、経変、石碑、舎利塔など、四川仏教を代表する仏教石刻が現れた。この宝頂山石

CHINA
重慶

刻は、治病、除災、祈雨といった現世利益に対する宋代の民衆の思いに応えるように、わかりやすく、日常生活に親しみある造形の仏像や彫刻を特徴とする（柳趙様式とも呼ばれ、重慶大足と、隣接する四川安岳に残る）。また他の大足石刻と違って、儒・仏・道の三教調和の像は見られず、密教的要素が強いのも特徴で、かつてはここが信者が集う密教道場だった。1999年に北山や南山など、他の大足石刻とともに、世界遺産に登録された。

▲左　景区の入口付近には北宋街と南宋街が整備されている。　▲右　この奥にある宝頂山石刻、まるで皇帝陵のように雄大に空間が使われている

宝頂山石刻の構成

宝頂山石刻を中心に広大な敷地面積をもつ宝頂景区。景区への入口付近には当時の街並みを再現した「北宋街」と「南宋街」が整備されていて、宝頂景区前山門から先が景区となる。東へまっすぐに進むと「大足石刻博物館」が位置し、そこから北側へ折れてさらに進むと、宝頂山石刻の中心にいたる（また大足石刻博物館のそばには広大寺が立つ）。「大仏湾」が大足宝頂山最大の見どころで、馬蹄形（逆Ｕ字）の断崖に石刻がならぶ。この大仏湾の上部（宝頂山）に「聖寿寺」があり、その東側に「小仏湾」が残る。歴史的には小仏湾から先

【地図】大足〜宝頂山

【地図】大足〜宝頂山の [★★★]
- ☐ 宝頂山石刻 宝頂山石刻バァオディンシャンシイカア
- ☐ 大仏湾 大佛湾ダアフウワァン
- ☐ 北山石刻 北山石刻ベェイシャンシイカア

【地図】大足〜宝頂山の [★★☆]
- ☐ 大足旧城 大足旧城ダアズウジィウチャン
- ☐ 南山石刻 南山石刻ナァンシャンシイカア

【地図】大足〜宝頂山の [★☆☆]
- ☐ 昌州古城 昌州古城チャァンチョウグウチャアン
- ☐ 宏声文化広場 宏声文化广场 ホォンシェンウェンフゥアグゥアンチャアン

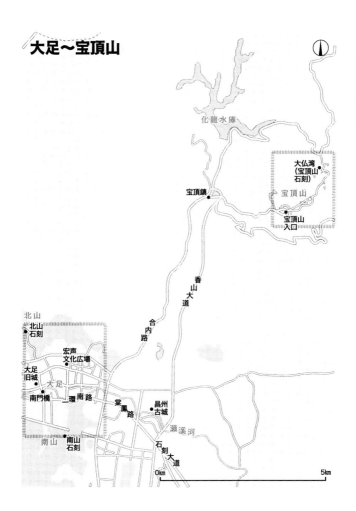

【地図】宝頂山

【地図】宝頂山の［★★★］
- ☐ 宝頂山石刻 宝顶山石刻バァオディンシャンシイカア
- ☐ 大仏湾 大佛湾ダアフウワァン

【地図】宝頂山の［★★☆］
- ☐ 聖寿寺 圣寿寺シェンショウスウ
- ☐ 小仏湾 小佛湾シャオフウワァン

【地図】宝頂山の［★☆☆］
- ☐ 聖跡池 圣迹池シェンジイチイ
- ☐ 宝頂老街 宝顶老街バァオディンラァオジィエ
- ☐ 大足石刻博物館 大足石刻博物馆 ダアズウシイカアボオウウグゥアン
- ☐ 広大寺 广大寺グゥアンダアスウ

宝頂山

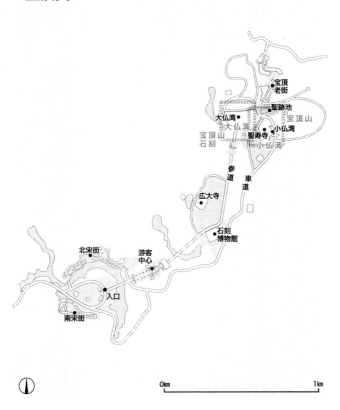

CHINA
重慶

に開削され、その後、小仏湾を雛形として大仏湾が開削されたという（規模の小さい小仏湾は柳本尊教派の内道場で、規模の大きい大仏湾は一般信徒の需要に応えるための外道場だともいう）。また大仏湾の背後には、「宝頂老街」が位置する。

大足石刻博物館 大足石刻博物馆 dà zú shí kè bó wù guǎn
ダアズウシイカアボオウウグゥアン [★☆☆]

唐代の建築を思わせる壮大な外観をもつ大足石刻博物館。「芸術涅槃 - 大足石刻展」を主題とし、大足石刻を説明した「魅力（金石妙造）」、シルクロードを伝わった仏教の展示の「伝

承（西仏東漸）」、唐代から南宋まで彫られた大足石刻の出土品を展示する「円融（大足和弦）」、大足の人びとや生活の様子を描いた「流響（大足記憶）」などが展示されている。ほかにも明代に宝頂山広大寺から出土した阿弥陀仏像、大足大鐘寺遺址出土から出土した北宋の弟子像、北宋の菩薩像、宝頂山大仏湾第14号から出土した南宋の毘盧仏頭像、明代の香炉など、豊富な収蔵品を抱える。2015年に開館した。

広大寺 广大寺 guǎng dà sì グゥアンダアスウ ［★☆☆］

広大山（小宝頂とも呼ばれる）の頂に立つ仏教寺院の広大寺。宋代の創建で、大肚弥勒、善財童子などの彫像が見られる。南宋時代は宝頂山に48か所の寺院があったというが、聖寿寺とここ広大寺が現存している。大仏湾から500mほど距離がある。

Guide, Da Fu Wan
大仏湾 鑑賞案内

CHINA 重慶

大足宝頂山石刻の白眉と言える大仏湾
馬蹄形（逆U字）の断崖に刻まれた
天国や地獄をテーマにした石刻一大絵巻

大仏湾 大佛湾 dà fú wān ダアフウワァン ［★★★］

岩や崖など宝頂山の地形、樹木やしたたり落ちる泉水を利用した、仏教石刻が展開する大仏湾。高さ8〜25m、全長500mの断崖の東、南、北の三面に大型石龕が30あまり、そこに1万もの造像が見られる。密教柳本尊教派の趙智鳳（1159年〜）によって計画、開削されたもので、70余年に渡って造営は続いた（趙智鳳の没年は不明だが、91歳で没したともいう）。南端に九護法神将像、それに対応するように北端に十大明王像がおかれる予定だったが、完成直前に元の侵攻と南宋滅亡の危機となったことから、ぎりぎりで未完成と

なっている。U字型大仏湾の底部（中央、東部）に巨大な涅槃仏が横たわり、また実際に1000本もの手をもつ千手観音像も名高い。これら石刻は、多湿な四川盆地の気候から、洞窟状の「窟」をつくらず、外に向かって開放的な「龕」の形式となっている（毘盧洞と円覚洞のみが石窟）。時計まわりにぐるりとめぐるようになっている。

【地図】大仏湾

【地図】大仏湾の [★★★]

- ☐ 宝頂山石刻 宝顶山石刻 バァオディンシャンシイカア
- ☐ 大仏湾 大佛湾 ダアフウファン
- ☐ 千手観音像 千手观音像 チィエンショウグゥアンイィンシィアン
- ☐ 釈迦涅槃聖跡図 释迦涅槃圣迹图 シイジィアニエパァンシェンジイトゥ
- ☐ 六道輪廻図 六道轮回图 リュウダァオルゥンフウイトゥ

【地図】大仏湾の [★★☆]

- ☐ 柳本尊行化道場図 柳本尊行化道场图 リィウベェンズゥンシィンフゥアダァオチャアントゥ
- ☐ 地獄変相 地狱变相 ディユウビィエンシィアン
- ☐ 華厳三聖像 华严三圣像 フゥアユェンサァンシェンシィアン
- ☐ 万歳楼 万岁楼 ワァンスゥイロォウ
- ☐ 聖寿寺 圣寿寺 シェンショウスウ

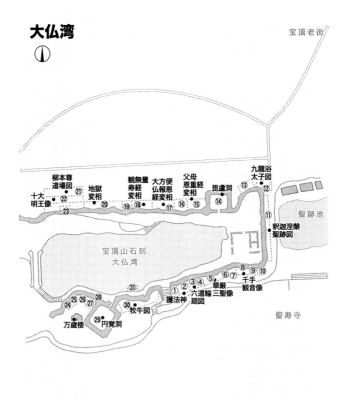

【地図】大仏湾の ［★☆☆］

- [ ] 十大明王像 十大明王像 シイダアミィンワァンシィアン
- [ ] 観無量寿経変相 观无量寿经变相
  グゥアンウウリィアンショウジィンビィエンシィアン
- [ ] 大方便仏報恩経変相 大方便佛报恩经变相
  ダアファンビィエンフウバァオエンジィンビィエンシィアン
- [ ] 父母恩重経変相 父母恩重经变相
  フウムウエンチョンジィンビィエンシィアン
- [ ] 九龍浴太子図 九龙浴太子图
  ジィウロォンユウタァイズウトゥ
- [ ] 護法神群像 护法神群像
  フウファアシェンチュンシィアン
- [ ] 牧牛図 牧牛图 ムウニィウトゥ
- [ ] 円覚洞 圆觉洞 ユゥェンジュエドォン
- [ ] 聖跡池 圣迹池 シェンジイチイ
- [ ] 宝頂老街 宝顶老街 バァオディンラァオジィエ

【MEMO】

CHINA
重慶

柳本尊行化道場図 柳本尊行化道场图
liǔ běn zūn xíng huà dào chǎng tú リィウベェンズゥンシィンフゥアダァオチャアントゥ（第 21 号）[★★☆]

宝頂山大仏湾を造営した趙智鳳が師とあおいだ柳本尊（855〜942年）を中心とする柳本尊行化道場図。柳本尊は唐末の四川楽山出身で、秘密呪法を修法して、病を治すなど、人びとの苦しみを救った。目をえぐり、耳を切り、指を焼くなどの苦行を行なったと言われ、高さ5.2ｍの柳本尊像のほか、そのときの苦行十練図像も描かれている。この「成都瑜伽教主」と呼ばれた柳本尊の教派を、南宋時代に大足県出身の趙

▲左　柳本尊行化道場図、中心にいるのがこの教団の祖柳本尊。　▲右　人びとが苦しむ様子が描かれた地獄変相

智鳳が受け継ぎ、大足宝頂山で仏教石刻を開削した。柳本尊行化道場図は、高さ 14 m、幅 24 m になる。

十大明王像 十大明王像 shí dà míng wáng xiàng
シイダアミィンワァンシィアン（第 22 号）[★☆☆]

十大明王は後期密教で説かれる神さまで、四方、四隅、上下の十方を守護する（大穢迹明王、大火頭明王、大威徳明王、大憤怒明王、降三世明王、馬頭明王、大笑金剛明王、無能勝明王、大輪金剛明王、歩擲明王）。悪を打ち砕く強い力を持ち、大日如来の意向を受けて、悪人など教化しづらい人びと

の教化にあたる。そのために憤怒の表情をしていて、各種の武器と経典などを手にした外観を持つ（十忿怒尊ともいう）。この十大明王は、70年あまりを費やした大仏湾最後の造像で、元軍の侵攻で制作がとまったままの未完成作品となっている。

地獄変相 地狱变相 dì yù biàn xiàng
ディユウビィエンシィアン（第20号）[★★☆]

すぐ近くの「極楽浄土＝天国（観無量寿経変相）」と対置するように「地獄」の様子が描かれた地獄変相。高さ14m、幅

20ｍの変相図は巨大な絵巻物のようで、16種類の地獄の図が描かれている。刀の山、舌を抜かれる人、火の床地獄、寒氷地獄、逆さ吊りといった地獄とともに、地蔵王、冥王府の十王、判官、獄卒などの姿も見える。地獄という概念は仏教を通じて中国にもたらされたが、四川重慶地域では、道教の地獄＝豊都（重慶市）があることからも、好んで選ばれる図像だった。この地獄変相のなかに、高さ85cmの「養鶏をする女」が描かれ、美しい顔とともに高い完成度の彫刻となっている。

CHINA
重慶

観無量寿経変相 观无量寿经变相
guān wú liàng shòu jīng biàn xiàng グゥアンウウリィアンショウジィンビィエンシィアン（第18号）[★☆☆]

はるか西方にあるという極楽浄土が描かれた観無量寿経変相図。『観無量寿経』は浄土三部経のひとつで、王舎城の太子が父王と母后を殺害しようとした悲劇から、ブッダが絶望する母后に対して、阿弥陀仏と西方極楽浄土を観想するための観法を説く。阿弥陀仏という名前は、サンスクリット語のアミターユス（無限の寿命をもつ者「無量寿」）、アミターバ（無限の光明をもつ者「無量光」）からとられている。念仏を唱

▲左　阿弥陀仏について記された観無量寿経の変相。　▲右　子どもを抱く両親、中国的な要素が強い父母恩重経変相

えることで、死後、苦しみのない極楽浄土に迎えられるといい、中央アジアで成立した経典に中国的要素が加わったという。龕の高さ8m、長さ21mの巨大なもので、飛天像も見える。

大方便仏報恩経変相 大方便佛报恩经变相
dà fāng biàn fú bào ēn jīng biàn xiàng ダアファンビィエンフウバァオエンジィンビィエンシィアン（第17号）[★☆☆]

幅16m、高さ7.3mの大きさで、『大方便仏報恩経』の説話が刻まれた大方便仏報恩経変相。この『大方便仏報恩経』は、父母、家族を捨てて出家するというブッダの行ないが、「儒

CHINA
重慶

教的価値観に反する」という批判に応えるかたちで生まれた（須闍提太子などの例をあげ、人びとに報恩を説いた）。12組の連続画の形式で、中央には釈迦半身像、両側には釈迦の前世、現世の「孝行報恩説話」が描かれている。また変相図の一角にある50cmほどの、目をわずかに閉じ横笛を吹く「吹笛女」は大足石刻中の傑作にあげられる。

父母恩重経変相 父母恩重经变相 fù mǔ ēn zhòng jīng biàn xiàng
フウムウエンチョンジィンビィエンシィアン（第15号）[★☆☆]
仏教が中国化したことを端的に示す父母恩重経変相。高さ

7m、幅 14m のこの石刻には、11 組の人物図像が刻まれ、中心には 1 組の夫婦が仏像の前に立つ。それは子供を授かるよう祈願している様子で、この「壊胎守護恩」からはじまって子供を養育する父母への十重恩が視覚的に表現されている（小さなころから恩がある父母に孝行を、という儒教的思想）。『父母恩重経』は初唐のころにつくられた偽経で、ブッダの言葉のなかに中国古来の孝子の名前を入れる工夫もなされた。宋代の四川の家庭生活が見られるほか、上層には過去七仏像が、下層の右壁には阿鼻地獄図が残る。なお隣接する石刻第 16 号には雷神、風神などの自然現象が刻まれている。

CHINA
重慶

九龍浴太子図 九龙浴太子图 jiǔ lóng yù tài zǐ tú
ジィウロォンユウタァイズウトゥ（第12号）［★☆☆］

宝頂山山頂の聖跡池からひいた水が、9匹の龍の口を通じて流れ、ブッダにそそぐ九龍浴太子図。ここに流れ落ちた水は涅槃仏の前を流れる九曲河、そして大足川へとそそぐ。ちょうど山にたまった水が、九龍浴太子図を通して流れ落ちる仕かけになっている（聖跡池には大足という地名の由来にもなったブッダの足跡が残る）。また九龍浴太子は、生まれたばかりのブッダを意味するとも言われ、「釈迦誕生図」とも呼ばれている。母マヤの右脇腹から生まれたブッダは、7歩

▲左 大仏湾上部の聖跡池から水が落ちてくる、九龍浴太子図。 ▲右 巨大なブッダの涅槃像が見られる釈迦涅槃聖跡図

歩き、右手で天を、左手で地平をさして「天上天下唯我独尊」と唱えたという。

釈迦涅槃聖跡図 释迦涅槃圣迹图 shì jiā niè pán shèng jī tú シイジィアニエパァンシェンジイトゥ（第11号）[★★★]

大仏湾の描く逆U字型断崖のちょうど底部（頂部、東部）に横たわる長さ31mの涅槃仏（釈迦涅槃聖跡図）。1174～1252年まで70数年にわたって造営が続いた大仏湾の中心にあたり、東崖すべてを占める。より大きく見せるため上半身だけを造仏し、下半身は岩のなかに隠して限りある空間を処

CHINA
重慶

理する技法となっている。悟りを開いたブッダは各地を旅しながら教化を続けていたが、やがて80歳になり、弟子のアーナンダを連れて、霊鷲山から故郷カピラヴァストゥへ向かう最後の旅に出た。その途中のクシナガラでとった食事で中毒を起こして下痢になり、沙羅双樹のあいだで北枕となったブッダは涅槃に入った（涅槃とは、サンスクリット語のニルヴァーナからとられ、最初は生命の火が消えた状態＝「ブッダの死」を意味したが、のちに悟りに入った境地という意味あいになった）。涅槃像ではこのときのブッダの様子である、右脇を下にし、両足を上下に重ねて眠る姿が刻出されていて、

仏法の永遠性を象徴する図となっている。上方には 9 人の天女、仏前には菩薩や帝釈天などが見える。

千手観音像 千手观音像 qiān shǒu guān yīn xiàng
チィエンショウグゥアンイィンシィアン（第 8 号）[★★★]
大仏湾に立つ大悲閣のなかの高さ 7.7m、幅 12.5m の岩壁全体に刻まれた千手観音像。孔雀が羽を広げたように黄金色に彩色された千手観音像で、南宋の淳熙、淳祐年間（1174 〜 1252 年）に造像された。千手観音は「千の眼」と「千の手」をもって人びとを救済すると言われ、それが視覚的に表され

CHINA
重慶

ている（人びとの救済願望が「千の手」として具現化された）。通常の千手観音の手は省略され、42本程度の場合が多いが、宝頂山のこの千手観音は金剛座に結跏趺坐する高さ3mの観音の坐像の背後に、1007本の手が彫られている。くわえて、手のかたちはひとつずつすべて異なり、掌にはひとつずつ眼が入っていて、文字通り「千の眼」と「千の手」をもつ（手は法力、眼は知恵を意味する）。観音菩薩の誕生日には、多くの参拝者がこの千手観音にお詣りをし、大足宝頂山は観音の聖地にもなっていた。

▲左　本当に手が1000本ある千手観音像。　▲右　巨大な華厳三聖像、前傾姿勢で語りかけてくるよう

千手観音と四川地域

五重二十七面の顔、千の眼、千の手で人びとを救済する千手観音は、ヒンドゥー教のシヴァ神の妃ドゥルガーをもとに成立したという（サンスクリット語ではアバローキテーシュバラ・サハシュラブジャローチャナ）。7世紀の唐代以降、中国で密教が盛んになると、千手観音の信仰も広まり、唐代開元（713〜741年）年間からとくに四川地域や甘粛で多く造像された。四川地域では、大悲菩薩の異称でも親しまれ、大足宝頂山の千手観音も「大悲変相図」と呼ばれていた。

CHINA
重慶

華厳三聖像 华严三圣像 huá yán sān shèng xiàng
フゥアユェンサァンシェンシィアン（第5号）[★★☆]

華厳教において重要な意味をもつ三聖の毘盧遮那仏、文珠菩薩、普賢菩薩がならぶ華厳三聖像。蓮台に足をおき、袈裟をまとった華厳三聖像は、大仏湾のなかで涅槃仏につぐ大きさで、高さ7m、約20度前傾状態で立つ。文殊菩薩は「根本大智」を、普賢菩薩は「理知慈悲」を表し、この二聖の総体であり、「智」と「悲」の究極のところに中央の毘盧遮那仏が位置する（三聖で法門を示すほか、『華厳経』では文殊と普賢菩薩は「因」、毘盧遮那仏を「果」とする）。この華厳三

聖像は中唐以後、中国において成立した図像で、華厳宗の第五祖宗密(780〜841年)によってはじめてつくられたという。宗密は四川出身で、『円覚経』に心酔し、四川で具戒を受けたという縁もあり、華厳三聖像は四川重慶地域にもっとも多く残る（また華厳三聖に対して阿弥陀仏、観世音菩薩、勢至菩薩を阿弥陀の三聖という）。この華厳三聖像は、南宋の淳熙、淳祐年間（1174〜1252年）に造像されたもので、普賢菩薩のもつ宝塔は重さ500キロになるが、開削後、落ちることなくとどまっている。

CHINA
重慶

六道輪廻図 六道轮回图 liù dào lún huí tú
リュウダァオルゥンフゥイトゥ（第2号）[★★★]

宝頂山大仏湾を象徴する石刻にあげられる六道輪廻図。古代インドの理想的帝王である転輪王が車輪をもち、そこに生死を絶え間なく繰り返す「輪廻＝古代インドの世界観」が表現されている（輪廻とは、車輪が廻転するように無限に生死を繰り返すこと）。高さ7.8m、幅4.8mの龕のなかに刻まれた六道輪廻図では、内側から外側に向かって4段階の彫刻がある。もっとも内側の第1部分は6つの仏光を胸から放つ「修行者」、第2部分はすべての衆生が生死を繰り返す「六道世

▲左 生と死を永遠に繰り返す、六道輪廻図。 ▲右 勇ましい姿の護法神群像

界（天道、人間道、阿修羅道、畜生道、餓鬼道、地獄道）」。第三部分ではブッダの悟りの内容である、苦しみや迷いの因果関係（12の縁起）、その原因である無明を断つことを説明した「十二縁起」、第4部分は輪廻転生して次に生まれ変わる「18の図像」が描かれている。仏教では、この輪廻転生からの解脱（悟り）が目指された。

輪廻転生、六道、悟り

古代インドでは、すべての生きものは死んでも魂はそのままで、何かに生まれ変わって「生と死を繰り返す」と信じられ

CHINA
重慶

ていた(前世で悪を行なったものは、次の生でその報いを受ける。ゆえに善行をしなくてはならない)。そして車輪が廻転するように、衆生が無限に生死を繰り返す世界を六道と呼んだ。天人の住む「天道」、生老病苦の「人間道」、鬼が常に戦いを繰り返す「阿修羅道」、弱肉強食の動物世界の「畜生道」、飢えと渇きの「餓鬼道」、苦しみの「地獄道」。これら輪廻転生からの解脱を目指し、ブッダの開いた悟りが十二縁起の理法だとされる。ブッダは苦しみや迷いを、無明→行→識→名色→六処→触→受→愛→取→有→生→老死と、12の因果関係で説明し、その根本原因である無明をとることを説いた。

護法神群像 护法神群像 hù fǎ shén qún xiàng
フウファアシェンチュンシィアン（第１号）［★☆☆］

仏法を守護する神さまが仁王立ちしている護法神群像。護法神には梵天、帝釈天、四天王、十二神将、十六善神、二十八部衆などがいて、そのうちの9体の護法神が見られる。逆U字型の大仏湾にあって、この護法神群像とちょうど対置するように、十大明王像（未完）をおくことが当初から計画されていた。

CHINA
重慶

牧牛図 牧牛图 mù niú tú ムウニィウトゥ（第30号）[★☆☆]
本来の自己を表す「牛」と、これを飼いならす「牧人（瑜伽行者）」の関係を、「真の自己」を求める「自己」に見立てた牧牛図（牛は、道からはずれて畑を荒らすことがあるので、鞭で調教し、その心を引き戻す）。宋代中期に成立した図像で、誰にでも親しみやすいように、牛と人の一体が実現していく様子が描かれている。この牧牛図は、南宋の淳熙、淳祐年間（1174～1252年）に造像され、大仏湾の地形を利用して彫られた。内容は、北宋楊次公による『証道牧牛頌』をもとにしたもので、幅29.1mになる12枚の長大な巻物となっ

▲左　断崖の地形にあわせて彫られた牧牛図。　▲右　大仏湾のなかで2つしかない石窟状の円覚洞

ている（一般的には10枚の絵をもって表現することから「十牛図」とも言われた）。

円覚洞 圓覚洞
yuán jué dòng ユゥェンジュエドォン（第29号）[★☆☆]

摩崖石刻が続く大仏湾にあって、洞窟状の内部空間をもつ円覚洞。如来が十二菩薩のために、大円覚の冥利を説いたという『円覚経』の世界が広がり、正壁には法身仏（毘盧遮那仏）、報身仏（盧舎那仏）、応身仏（釈迦牟尼仏）がならび、東西両壁に十二円覚菩薩を安置する。『円覚経』は悟りを得るた

CHINA
重慶

めの時間と修行階位の関係、衆生そのものがもともと成仏していて仏であると説き、唐代の四川で贋作され、禅宗で重んじられて唐末から宋元代に流行した。南宋の淳熙、淳祐年間(1174〜1252年)の開削で、禅を修めるものの道場(円覚道場)のような役割を果たしていた。高さ6.2m、幅9.55m、深さ12.13mの石窟では、内部までに長さ3.9mの甬道が続き、滴り落ちる水の音も聞こえる(正壁の東西両端に、趙智鳳自らが造像した高さ1.92mの趙本尊像と柳本尊像が見られるのも特徴)。

Guide, Xiao Fu Wan
小仏湾鑑賞案内

CHINA 重慶

大仏湾よりも先に開削がはじまった小仏湾
趙智鳳が布教拠点とした聖寿寺
美しいたたずまいの万歳楼も立つ

万歳楼 万岁楼 wàn suì lóu ワァンスゥイロォウ ［★★☆］
大仏湾の南側上方に立つ八角四層の万歳楼。明の朱元璋の第11子である「蜀献王」朱椿が宝頂山を訪れたときにここで休息をとり、その場所に建てられた楼閣をはじまりとする。万歳楼という名称は、「当朝皇帝、万歳、万歳、万々歳」という言葉からとられていて、この文言の記された牌位もおかれていた。高さ21.2m、四周に8本の柱を配し、壁面には絵が飾られている。

聖寿寺 圣寿寺 shèng shòu sì シェンショウスウ ［★★☆］

宝頂山石刻を造営した趙智鳳（1159年〜）が南宋時代に密教道場を開いた場所の聖寿寺。1177年に造営されたときは経寿寺といい、ちょうど聖寿寺の崖下に大仏湾石刻が位置する構図となっている（聖寿寺の造営とともに、この山は宝頂と名づけられた）。元兵の侵入によって破壊をこうむったが、その後、明代の1418年に、僧恵妙が聖寿寺の住持をし、7年間つとめ、伽藍を整備した。現在の建物は清朝の1868年に重修されたもので、九龍捧聖の扁額が見える山門のなかに、天王殿、玉皇殿、大雄殿、三世仏殿と伽藍が続く。

【地図】小仏湾

【地図】小仏湾の [★★★]
- ☐ 大仏湾 大佛湾ダアフウワァン
- ☐ 釈迦涅槃聖跡図 释迦涅槃圣迹图 シイジィアニエパァンシェンジイトゥ

【地図】小仏湾の [★★☆]
- ☐ 万歳楼 万岁楼ワァンスゥイロォゥ
- ☐ 聖寿寺 圣寿寺シェンショウスウ
- ☐ 小仏湾 小佛湾シャオフウワァン

【地図】小仏湾の [★☆☆]
- ☐ 聖跡池 圣迹池シェンジイチイ
- ☐ 宝頂老街 宝顶老街バァオディンラァオジィエ

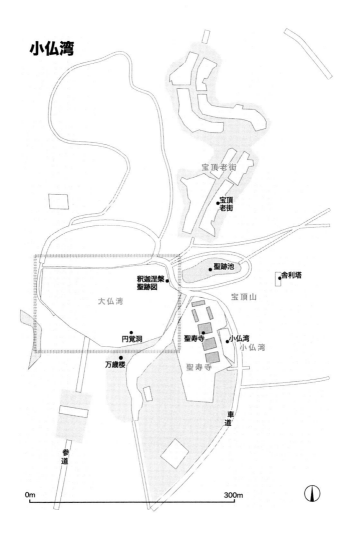

重慶

小仏湾 小佛湾 xiǎo fú wān シャオフウワァン［★★☆］

宝頂山山頂の比較的平らで、開けた場所に刻まれた小仏湾。1177年に造営された聖寿寺とともに小仏湾の開削もはじまった。趙智鳳は宝頂山大仏湾の開削にあたって、まず小仏湾を彫ってそれを雛形とし、そこから大仏湾を彫ったため、この小仏湾は宝頂山石刻の原型と言える。造像の規模はより小さく単純で、風化も進んでいる。小仏湾の中央の毘盧庵には「柳本尊行図」「地獄変相図」の浮彫が刻まれている（趙智鳳が考案したという文字も残る）。また3層、高さ7mの宝頂経目塔も立つ。小仏湾は柳本尊教派の内道場で、大仏湾

▲左　趙智鳳ゆかりの仏教寺院の聖寿寺。　▲右　万歳楼、眼下には逆U字型の大仏湾が広がる

は一般向けの外道場だとも言われる。

聖跡池 圣迹池 shèng jī chí シェンジイチイ ［★☆☆］

聖寿寺の北側（山門前）にある聖跡池。この池の水が枯れると、その底から長さ1.8 m、幅1.1mの聖跡（仏足）が見える。この大きな足跡は、ブッダが昇天する前に残したものだと言われ、これが「大足」という地名の由来になったともいう。聖跡池の水は大仏湾へ落ちる仕掛けとなっていて、大足川の水源のひとつとなっている。

宝頂老街 宝顶老街
bǎo dǐng lǎo jiē バァオディンラァオジィエ [★☆☆]

宝頂山の北側に整備された料理店や土産物店がならぶ宝頂老街。大足が世界遺産に指定されたのち、多くの旅行者に応えるために2016年に整備された。

Guide, Shi Men Shan
石門山
鑑賞案内

CHINA 重慶

石門山石刻は宝頂山、北山、南山、石篆山
とならぶ大足石刻のひとつで
世界遺産にも指定されている

石門山石刻 石门山石刻
shí mén shān shí kè シイメンシャンシイカア [★☆☆]

大足東南20kmの石馬鎮に残る石門山石刻。全長71.8m、高さ3.4～5mの断崖に、北宋から南宋にかけて彫られた石刻が残る。16の龕のうち、12の龕に造像が見られ、道教と仏教の二教合一であることを特徴とする。「十聖観音洞」「孔雀明王経変窟」「訶梨帝母龕」が仏教のもので、「三皇洞」「東岳夫婦像」が道教のもの。宋代、ふたつの宗教が混交していたことを示している。海抜374.1m。

玉皇大帝 玉皇大帝
yù huáng dà dì ユウフゥアンダアディ（第2号）[★☆☆]

道教の最高神である玉皇大帝が刻まれた石刻。南宋の1147年の造営で、高さ82cm、幅93cmの龕に中国の伝統服「袍服」を着た玉皇大帝が見える。左右に侍者を従える。

西方三聖十聖観音 西方三圣十圣观音
xī fāng sān shèng shí shèng guān yīn シイファンサァンシェンシイシェングゥアンイィン（第6号）[★☆☆]

西方極楽浄土に棲む阿弥陀如来を中心とする石刻の西方三聖十聖観音（仏教）。西方三聖とは阿弥陀仏、観世音菩薩、大

【地図】石門山

【地図】石門山の [★★★]
- [ ] 北山石刻 北山石刻ベェイシャンシイカア

【地図】石門山の [★★☆]
- [ ] 大足旧城 大足旧城ダアズウジィウチャン
- [ ] 南山石刻 南山石刻ナァンシャンシイカア

【地図】石門山の [★☆☆]
- [ ] 石門山石刻 石门山石刻シイメンシャンシイカア
- [ ] 石馬真原堂 石马真原堂シイマアチェンユゥエンタァン
- [ ] 龍水鎮 龙水镇ロォンシュイチェン
- [ ] 中国大足五金博物館 中国大足五金博物馆 チョングゥオダアズウウウジィンボオウウグゥアン
- [ ] 龍水湖度假区 龙水湖度假区 ロォンシュイフウドゥジィアチュウ
- [ ] 昌州古城 昌州古城チャァンチョウグウチャアン

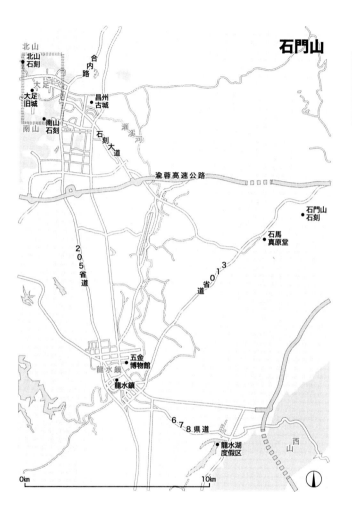

石門山鑑賞案内

勢至菩薩をさし、その壁の左右にそれぞれ5つの蓮台のうえに立つ法具をもつ十聖観音がならぶ。南宋の1136〜40年にかけて造営され、龕の高さは3.02m、幅は3.5mになる。

孔雀明王経変 孔雀明王经变
kǒng què míng wáng jīng biàn
コォンチュエミィンワァンジィンビィエン(第8号)[★☆☆]

孔雀のうえで結跏趺坐する孔雀明王が刻まれた孔雀明王経変（仏教）。高さ3.18m、幅3.12mで、周囲には菩薩、羅漢、文官、武官などの姿も見える。宋代のもの。

三皇洞 三皇洞 sān huáng dòng
サァンフゥアンドォン（第 10 号）[★☆☆]

三皇洞は大足で最大の道教石窟で、古代中国の伝説上の天皇、地皇、人皇が刻まれている（道教）。天皇が「気（生命）」を、地皇が「神（死）」を、人皇が「生（罪厄）」を司る。この正面の三皇にくわえ、左右の壁面には北極四星の造像が見られる。高さ 3.01m、幅 3.9m、奥行き 7.8m の洞窟で、南宋初期（1094 〜 1151 年）に造営された。

重慶

東岳大帝淑明皇后 东岳大帝淑明皇后
dōng yuè dà dì shū míng huáng hòu ドォンユュエダアディシュウミィンフゥアンホォウ（第11号）[★☆☆]

「泰山の神さま」である東岳大帝と、その妃の淑明皇后が彫られた石刻。道教石窟で、東岳大帝と淑明皇后がならんで座っている。龕の高さ2.4m、幅3.64mで、上部には地獄十王も見える。

訶梨帝母 诃梨帝母
hē lí dì mǔ ハアリイデイムウ（第9号）[★☆☆]

結跏趺坐した鬼子母神と、その膝下に子供の姿が見える訶梨

▲左　観光のあいまに最適な小吃を出す屋台。　▲右　中距離バスが大足市街と他の街を結ぶ

帝母龕。鬼子母神（訶梨帝母）は当初、王舎城で子どもを盗み食べていた。ブッダはこれを戒めるため、彼女の末子を隠したことが縁で、改心し、ブッダの弟子となった。安産子育ての神さまとして信仰されている。

石馬真原堂 石马真原堂 shí mǎ zhēn yuán táng
シイマアチェンユゥエンタァン ［★☆☆］

石馬真原堂（大足馬跑天主教堂）は、重慶で最大規模のキリスト教会。大足では1780年にフランス人宣教師がキリスト教をこの地に伝え、アヘン戦争後に布教が本格化した。この

CHINA
重慶

石馬真原堂は1904年の修建で、その後、20世紀後半に修建が繰り返された。鐘楼の高さは36mになる。

龍水鎮 龙水镇 lóng shuǐ zhèn ロォンシュイチェン[★☆☆]
唐末の静南軍節度使韋君靖が設立した龍水義軍鎮をはじまりとする龍水鎮（韋君靖は北山石刻を開削した人物）。北宋時代に商業場鎮となって農業、手工業、商工業が発展し、明清時代に龍水鎮と呼ばれた。東南の連峰西山でとれる五金の集散地となり、豊富な鉱物をもとに大足地域を代表する鎮として知られた。この龍水鎮は、キリスト教や西欧人の進出に

Dazu 石門山鑑賞案内

反対する大足仇教闘争（1886〜98年）の中心地であったこ
とも特筆される。1882年、フランスの宣教師が天主教堂を
修建し、その後、1891年に重慶が開港するなか、キリスト
教会の焼き討ちや、西欧人の排斥運動が盛りあがった（1898
年には四川から湖北、湖南、貴州におよび、義和団運動以
前に「順清滅洋」をスローガンとした）。現在も大足の工業、
経済の中心地となっている。

CHINA
重慶

中国大足五金博物館 中国大足五金博物馆
zhōng guó dà zú wǔ jīn bó wù guǎn
チョングゥオダアズウウウジィンボオウウグゥアン[★☆☆]

五金とは金・銀・銅・鉄・錫のことで、大足（龍水鎮）は東南部に西山という連峰を抱え、そこで石炭、石灰、鉄などの五金が産出されてきた。そのため、大足は「五金の郷」とも言われ、2011年、五金の集散地であった龍水鎮に中国大足五金博物館が開館した。五金の起源、中国における金属の発展、五金がどのように日常生活に影響を与えたか、などを200あまりの図版とともに紹介する。新石器時代の晩期から

現在にいたるまでの、1200もの鉄器や銅器など、さまざまな道具も収蔵する。

龍水湖度假区 龙水湖度假区 **lóng shuǐ hú dù jià qū**
ロォンシュイフウドゥジィアチュウ［★☆☆］

「大足の西湖（重慶西湖）」ともたたえられる美しい湖が広がる龍水湖度假区。この龍水湖には豊富な水量をもち、108の島が小さな島が点在する。周囲は変化に富んだ自然が見られ、自然と休暇、文化体験ができるリゾート地として整備されている。沱江支流の瀬渓河がここから流れて長江へ注ぐ。

Guide, Shi Zhuan Shan
石篆山鑑賞案内

宝頂山、北山、南山、石門山、石篆山
世界遺産に指定されたこれら大足石刻
このうち石篆山は大足市街の西郊外に位置する

石篆山石刻 石篆山石刻 shí zhuàn shān shí kè シイチュゥアンシャンシイカア ［★☆☆］

北宋（1082〜96年）時代に彫られた石刻が残る石篆山。子母殿（仏湾）と千仏崖というふたつの景区からなり、道教、仏教、儒教の3教像が共存する（1000余体の造像が見られる）。ここは四川で知られた希昼禅師が道場を開いた場所で、高さ3〜8m、長さ130 mの断崖に10の龕が残る。大足の西南27 kmに位置する。

【地図】石篆山

【地図】石篆山の [★★★]
- [ ] 北山石刻 北山石刻 ベェイシャンシイカア

【地図】石篆山の [★★☆]
- [ ] 大足旧城 大足旧城 ダアズウジィウチャン
- [ ] 南山石刻 南山石刻 ナァンシャンシイカア

【地図】石篆山の [★☆☆]
- [ ] 石篆山石刻 石篆山石刻 シイチュゥアンシャンシイカア
- [ ] 妙高山 妙高山 ミィアオガァオシャン

石篆山

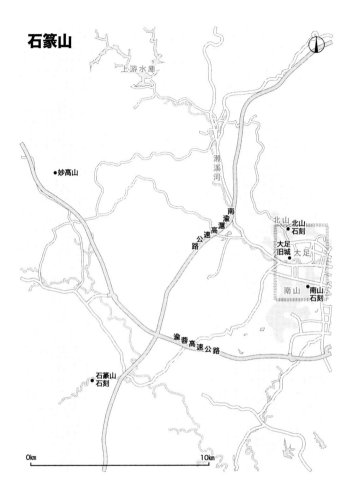

Dazu 石篆山鑑賞案内

志公和尚 志公和尚
zhì gōng hé shàng チイゴォンハアシャン（第2号）[★☆☆]
観世音菩薩の化身と見られる志公和尚が刻まれた石刻。頭巾をかぶり、腹が少し出た笑顔の志公和尚と、その弟子の姿が見える。宋代のもので、龕の高さ2.34m、幅2.54mになる。北山石刻の多宝塔にも、志公和尚を題材とした意匠が見られる。

孔子 孔子 kǒng zǐ コォンツウ（第 6 号）[★☆☆]

儒教の創始者である孔子と、その弟子の十哲が彫られた孔子龕。右手に宝扇をもった坐像の孔子を中心に、左側に顔回、閔子騫、冉有、子游、子貢が、右側に子路、冉伯牛、宰我、冉求、下商の像がおかれている（また左右の門柱には、半身の武士も見える）。高さ 1.94m、幅 3.25m で、北宋の 1088 年に造営された。

三身仏 三身佛
sān shēn fó サァンシェンフォオ(第 7 号)[★☆☆]

毘盧遮那仏、盧舎那仏、釈迦牟尼の主尊三仏を安置する三身仏龕。毘盧遮那仏は「輝くものの子」を意味し、密教では大日如来をさす。高さ 1.47m、幅 6.36m の龕には中心の主尊三仏のほか、左右にアーナンダと迦葉が立つ。北宋の 1082 年に造仏された。

▲左　大足区は重慶市の西部に位置し、四川省に隣接している。　▲右　新鮮な野菜を調理する大足のレストラン

太上老君 太上老君 tài shàng lǎo jūn
タァイシャンラァオジュン（第8号）[★☆☆]

道教の始祖である太上老君（老子）をまつった太上老君龕（太上老君とは老子が神格化された呼び名）。太上老君像＝老子像を中心に、7尊ずつの真人が左右に安置されている。また高さ1.7m、幅3.43mの龕の外には護法神将軍が構えている。北宋の1083年に造営された。

CHINA
重慶

妙高山 妙高山
miào gāo shān ミィアオガァオシャン ［★☆☆］

妙高山には南宋紹興年間の1144年ごろに刻まれた石刻が残る。山頂に妙興寺が立ち、そのそばに南宋時期に流行したブッダ、孔子、老子という三教合一の石刻が見られる（高さ15mほどの山崖の中下部位に、8つの龕が残る）。大足から37km離れた季家鎮曙光村に位置する。

Guide, Da Zu Jiao Qu
大足郊外
城市案内

CHINA
重慶

重慶と成都を結ぶ成渝古道の走る大足
郵亭鎮は大足、成都、重慶を結ぶ
交通の要衝となっている

成渝古道 成渝古道
chéng yú gǔ dào チェンユウグウダァオ [★☆☆]

四川地域の二大都市である成都と重慶（渝州）を結ぶ成渝古道。唐宋時代、巴蜀地区は経済発展したことを受け、陸路交通が盛んになった。重慶通遠門（西門）から出て、永川、郵亭、栄昌へいたり、道は成都迎暉門（東門）へと続いていく。重慶西の四川盆地の縁にあたる丘陵（西山）をさけるように走り、大足へは郵亭鎮が足がかりの街となる。この成渝古道には南道と北道のふたつがあり、南道は東大路、北は東小路と呼ばれた（交通量が多かったのが川東大路こと東大路で、巴

県大路ともいった）。

郵亭鎮 邮亭镇 yóu tíng zhèn ヨォウティンチェン ［★☆☆］
大足南 30 kmに位置する郵亭鎮は、大足の南大門にあたる。この地方の交通要所で、高速鉄道や高速道路、成渝古道が集まっている（また郵亭鎮西 12 kmの栄昌は、758 年におかれた昌州で、大足に遷るまでこの地方の中心地であった）。郵亭鎮は重慶西部から成都へと続く経済圏（渝西経済走廊）の一角として期待され、双橋経済技術開発区も位置する。大足の名物料理である郵亭鯽魚が食べられている。

【地図】大足郊外

【地図】大足郊外の [★★★]
- ☐ 宝頂山石刻 宝顶山石刻バァオディンシャンシイカア
- ☐ 北山石刻 北山石刻ベェイシャンシイカア

【地図】大足郊外の [★★☆]
- ☐ 大足旧城 大足旧城ダアズウジィウチャン
- ☐ 南山石刻 南山石刻ナァンシャンシイカア

【地図】大足郊外の [★☆☆]
- ☐ 成渝古道 成渝古道チェンユウグウダァオ
- ☐ 郵亭鎮 邮亭镇ヨォウティンチェン
- ☐ 饒国梁故居 饶国梁故居 ラァオグゥオリィエングウジュウ
- ☐ 鉄山古鎮 铁山古镇ティエシャングウチェン
- ☐ 石門山石刻 石门山石刻シイメンシャンシイカア
- ☐ 龍水鎮 龙水镇ロォンシュイチェン
- ☐ 龍水湖度假区 龙水湖度假区 ロォンシュイフウドゥジィアチュウ
- ☐ 石篆山石刻 石篆山石刻シイチュゥアンシャンシイカア
- ☐ 妙高山 妙高山ミィアオガァオシャン

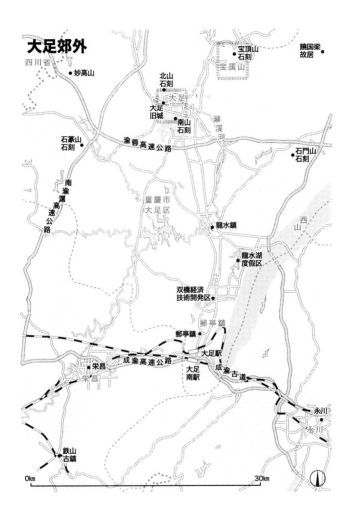

饒国梁故居 饶国梁故居 ráo guó liáng gù jū
ラァオグゥオリィエングウジュウ ［★☆☆］

美しい自然に囲まれてたたずむ饒国梁故居。2階建ての西洋と中国の折衷様式の建築で、饒国梁、饒国模の兄妹が暮らした。ここ大足出身の饒国梁は、清朝末期の1911年に広州で黄花崗起義を起こし、鎮圧され、生命を落としたが、現在では革命烈士として尊敬されている。あたりは白鷺が生息し、豊富な魚米が産出される。

鉄山古鎮 铁山古镇
tiě shān gǔ zhèn ティエシャングウチェン [★☆☆]

重慶市と四川省との境近く、三方を山に囲まれて、古い街並みが残る鉄山古鎮。清朝乾隆帝の記録では、客家の蔡氏が一族を連れてここに定住したことがはじまりで、原名を鉄山坪といった。また双河場といい、現在は双河街道という地名となっている。長さ500m（現存300m）、幅2.5mの両廊夾一街の両脇に黒い瓦、柱に支えられた木の庇が突き出している（両側から通りをはさむよう）。木の柱は左右対称に108本続き、雨を避ける目的の庇の下ではお茶を飲む人の姿も見える。

四川重慶の仏教と絲綢之路

中堅の省と同じ規模の人口や面積をもつ重慶市
重慶市郊外の大足に残る仏教遺跡は
黄河中流域とは異なった姿を今に伝える

西南シルクロードとは

中央アジアから河西回廊をへて中国に伝わった仏教。漢の武帝（在位紀元前141〜前87年）がこのシルクロードを開拓し、西方世界に張騫が派遣されたとき、「バクトリア＝中央アジアで、蜀（四川）の布を見た」という。このことは一般的に知られるシルクロードとは別に、インド、ベンガル、ミャンマー、雲南、四川を結ぶ「西南シルクロード」の存在を示すものだという。敦煌から華北ルート、南海から広州へいたるルートはじめ、多様なルートで仏教は中国に伝わったと考えられ、甘粛から成都、長江を通じて南京（南朝）へ通じる

CHINA
重慶

道もあったと考えられている(インドの仏像の中国への伝播は、四川地域が最初期だともいう)。仏教の信仰が盛んになった3〜6世紀の魏晋南北朝時代、347年に東晋の領域となって以来、前秦の支配を除けば、四川は宋、斉、梁と南朝領として推移し、江南には残っていない南朝の仏教造形物も見られる。四川重慶と、南朝の都は距離は離れているものの、長江の水運を通じて、情報、物資の往来は盛んに行なわれていた。

Dazu 四川重慶の仏教と絲綢之路

▲左　展示方法も工夫されている、大足石刻博物館。　▲右　親しみ深い仏像が手の届く距離で見られる

四川の仏教とは

東晋（317〜420年）時代に慧遠の弟慧持が入蜀して成都龍淵寺で布教し、南北朝時代から四川の仏教は盛んになったという。四川重慶地域は、中原や長江下流域に暮らす「漢族の世界」と「西南少数民族の世界」の境界にあたり、四方を山に囲まれて周囲から隔絶されていて、独自性が強いことで知られてきた。この地域の造像活動は長安（陝西）に近い北部から中西部、東部というように遷っていき、唐代に彫られた世界最大の大仏の残る「楽山」や、古くは道教聖地であった中国四大仏教名山の「峨眉山」、集中して仏教石刻が残る「大

CHINA
重慶

足」などが位置する(華北の石窟造像は、巴中と広元をへて四川盆地全域に伝わった)。これら四川重慶地域の仏教の特徴は、長安や洛陽と違って、廃仏で仏教が打撃を受けたあとも脈々と造仏が続き、皇帝や政治権力との関係よりも、民衆との関係が強いということがあげられる。また道教信仰発祥地のひとつ「青城山」、道教で冥界に通じるという「豊都」があることからも、土着的な民俗信仰、呪術的要素が仏教と習合している。

Dazu 四川重慶の仏教と絲綢之路

石窟と石刻とは

紀元前3世紀、日差しの強いインドではじめて宗教的修練の場として石窟がつくられ、紀元前2世紀には仏教石窟も見られるようになった。石窟は大きくわけてヴィハーラ窟(僧の起居する精舎、僧房)と、チャイティア窟(仏塔や仏像が安置される)があり、仏教とともにこの仏教石窟も中央アジアから中国へと伝播した。中国では西方世界への玄関口となる敦煌で、前秦の366年にはじめて開削されたと伝えられる。この仏教石窟に仏像や仏画などが刻まれ、座禅を組む場所であったことから、広い内部空間がとられている。シルクロー

CHINA
重慶

ド（河西回廊）や華北にはこの様式のものが多い一方で、四川盆地では断崖を奥に彫らず、崖の表面に仏龕をうがつ摩崖形式のものが多い（内部空間がない）。これは四川の地が多雨多湿であることや、この地の「丹霞」と呼ばれる赤い砂礫岩が石窟の開削に向いていないことがあげられる。そのため前者の「石窟」と区別して、大足の仏教石窟は「石刻」と呼ばれている。

参考文献

『大足县志』(大足县县志编修委员会编纂 / 方志出版社)

『大足石刻芸術』(中国外文出版社編集 / 美乃美)

『中国・四川省 四川楽山凌雲寺大仏の歴史と現状』(気賀沢保規 / 仏教芸術)

『金録齋法に基づく道教造像の形成と展開』(小林正美 / 東洋の思想と宗教)

『中国古寺巡礼ガイド (5) 石仏の里四川盆地・大足石窟へ』(赤津靖子 / 大法輪)

『四川省における南方シルクロード (南伝仏教) の道の研究』(シルクロード学研究)

『中国中世仏教石刻の研究』(氣賀澤保規編 / 勉誠出版)

『大足石刻』(四川美术学院雕塑系编 / 朝花美術出版社)

『大足宝頂山石刻の説話的要素』(菊竹淳一 / 仏教芸術)

『中国密教』(立川武蔵・頼富本宏編 / 春秋社)

『華厳三聖像の形成』(鎌田茂雄 / 印度学仏教学研究)

『円覚十二菩薩の形成』(鎌田茂雄 / 印度学仏教学研究)

『大足宝頂山石刻の思想史的考察』(鎌田茂雄 / 国際仏教学大学院大学研究紀要)

『秘境・西南シルクロード』（孔健 / 学生社）

『十忿怒尊について』（大西秀城 / 密教文化）

『清末四川における半植民地化と仇教運動』（鉄山博 / 歴史学研究）

『『大方便仏報恩経』の成立問題』（Sumet SUPALASET/ 印度學佛教學研究）

『大足宝頂山の「父母恩重経変相像」と「報父母恩徳経」』（新井慧誉 / 豊山学報）

『絵解き』（「一冊の講座」編集部編 / 有精堂出版）

『大足石刻研究』（刘长久・胡文和・李永翘 / 四川省社会科学院出版社）

『大足石刻内容总录』（四川省社会科学院编 / 四川省社会科学院出版社）

『大足石刻』（永川地区文化局 / 大足县文物保管所）

认识大足 _ 重庆市大足区人民政府 http://www.dazu.gov.cn/

馆藏文物 - 大足石刻研究院官网 http://www.dzshike.com/

重庆大足石刻 , 大足石刻旅游 , 尽在重庆大足石刻旅游网 http://www.dazusk.com/

『世界大百科事典』（平凡社）

まちごとパブリッシングの旅行ガイド

Machigoto INDIA , Machigoto ASIA , Machigoto CHINA

【北インド - まちごとインド】

001 はじめての北インド
002 はじめてのデリー
003 オールド・デリー
004 ニュー・デリー
005 南デリー
012 アーグラ
013 ファテープル・シークリー
014 バラナシ
015 サールナート
022 カージュラホ
032 アムリトサル

【西インド - まちごとインド】

001 はじめてのラジャスタン
002 ジャイプル
003 ジョードプル
004 ジャイサルメール
005 ウダイプル
006 アジメール（プシュカル）
007 ビカネール
008 シェカワティ
011 はじめてのマハラシュトラ
012 ムンバイ
013 プネー
014 アウランガバード
015 エローラ
016 アジャンタ
021 はじめてのグジャラート
022 アーメダバード
023 ヴァドダラー（チャンパネール）
024 ブジ（カッチ地方）

【東インド - まちごとインド】

002 コルカタ
012 ブッダガヤ

【南インド - まちごとインド】

001 はじめてのタミルナードゥ
002 チェンナイ
003 カーンチプラム
004 マハーバリプラム
005 タンジャヴール
006 クンバコナムとカーヴェリー・デルタ
007 ティルチラパッリ
008 マドゥライ
009 ラーメシュワラム
010 カニャークマリ
021 はじめてのケーララ
022 ティルヴァナンタプラム
023 バックウォーター（コッラム〜アラップーザ）
024 コーチ（コーチン）
025 トリシュール

【ネパール - まちごとアジア】

001 はじめてのカトマンズ
002 カトマンズ
003 スワヤンブナート

004 パタン
005 バクタプル
006 ポカラ
007 ルンビニ
008 チトワン国立公園

【バングラデシュ - まちごとアジア】

001 はじめてのバングラデシュ
002 ダッカ
003 バゲルハット（クルナ）
004 シュンドルボン
005 プティア
006 モハスタン（ボグラ）
007 パハルプール

【パキスタン - まちごとアジア】

002 フンザ
003 ギルギット（KKH）
004 ラホール
005 ハラッパ
006 ムルタン

【イラン - まちごとアジア】

001 はじめてのイラン
002 テヘラン
003 イスファハン
004 シーラーズ
005 ペルセポリス
006 パサルガダエ（ナグシェ・ロスタム）
007 ヤズド
008 チョガ・ザンビル（アフヴァーズ）
009 タブリーズ
010 アルダビール

【北京 - まちごとチャイナ】

001 はじめての北京
002 故宮（天安門広場）
003 胡同と旧皇城
004 天壇と旧崇文区
005 瑠璃廠と旧宣武区
006 王府井と市街東部
007 北京動物園と市街西部
008 頤和園と西山
009 盧溝橋と周口店
010 万里の長城と明十三陵

【天津 - まちごとチャイナ】

001 はじめての天津
002 天津市街
003 浜海新区と市街南部
004 薊県と清東陵

【上海 - まちごとチャイナ】

001 はじめての上海
002 浦東新区
003 外灘と南京東路
004 淮海路と市街西部
005 虹口と市街北部
006 上海郊外（龍華・七宝・松江・嘉定）
007 水郷地帯（朱家角・周荘・同里・甪直）

【河北省 - まちごとチャイナ】

001 はじめての河北省
002 石家荘
003 秦皇島
004 承徳
005 張家口
006 保定
007 邯鄲

【江蘇省 - まちごとチャイナ】

001 はじめての江蘇省
002 はじめての蘇州
003 蘇州旧城
004 蘇州郊外と開発区
005 無錫
006 揚州
007 鎮江
008 はじめての南京
009 南京旧城
010 南京紫金山と下関
011 雨花台と南京郊外・開発区
012 徐州

【浙江省 - まちごとチャイナ】

001 はじめての浙江省
002 はじめての杭州
003 西湖と山林杭州
004 杭州旧城と開発区
005 紹興
006 はじめての寧波
007 寧波旧城
008 寧波郊外と開発区
009 普陀山
010 天台山
011 温州

【福建省 - まちごとチャイナ】

001 はじめての福建省
002 はじめての福州
003 福州旧城
004 福州郊外と開発区
005 武夷山
006 泉州
007 厦門
008 客家土楼

【広東省 - まちごとチャイナ】

001 はじめての広東省
002 はじめての広州
003 広州古城
004 天河と広州郊外
005 深圳(深セン)
006 東莞
007 開平(江門)
008 韶関
009 はじめての潮汕
010 潮州
011 汕頭

【遼寧省 - まちごとチャイナ】

001 はじめての遼寧省
002 はじめての大連
003 大連市街
004 旅順
005 金州新区

006 はじめての瀋陽
007 瀋陽故宮と旧市街
008 瀋陽駅と市街地
009 北陵と瀋陽郊外
010 撫順

【重慶 - まちごとチャイナ】

001 はじめての重慶
002 重慶市街
003 三峡下り（重慶〜宜昌）
004 大足
005 重慶郊外と開発区

【香港 - まちごとチャイナ】

001 はじめての香港
002 中環と香港島北岸
003 上環と香港島南岸
004 尖沙咀と九龍市街
005 九龍城と九龍郊外
006 新界
007 ランタオ島と島嶼部

【マカオ - まちごとチャイナ】

001 はじめてのマカオ
002 セナド広場とマカオ中心部
003 媽閣廟とマカオ半島南部
004 東望洋山とマカオ半島北部
005 新口岸とタイパ・コロアン

【Juo-Mujin（電子書籍のみ）】

Juo-Mujin 香港縦横無尽
Juo-Mujin 北京縦横無尽
Juo-Mujin 上海縦横無尽
Juo-Mujin 台北縦横無尽
見せよう！デリーでヒンディー語
見せよう！タージマハルでヒンディー語
見せよう！砂漠のラジャスタンでヒンディー語

【自力旅游中国 Tabisuru CHINA】

001 バスに揺られて「自力で長城」
002 バスに揺られて「自力で石家荘」
003 バスに揺られて「自力で承徳」
004 船に揺られて「自力で普陀山」
005 バスに揺られて「自力で天台山」
006 バスに揺られて「自力で秦皇島」
007 バスに揺られて「自力で張家口」
008 バスに揺られて「自力で邯鄲」
009 バスに揺られて「自力で保定」
010 バスに揺られて「自力で清東陵」
011 バスに揺られて「自力で潮州」
012 バスに揺られて「自力で汕頭」
013 バスに揺られて「自力で温州」
014 バスに揺られて「自力で福州」
015 メトロに揺られて「自力で深圳」

【車輪はつばさ】
南インドのアイラヴァテシュワラ寺院には建築本体に車輪がついていて寺院に乗った神さまが人びとの想いを運ぶと言います。

・本書はオンデマンド印刷で作成されています。
・本書の内容に関するご意見、お問い合わせは、発行元の
　まちごとパブリッシング info@machigotopub.com までお願いします。

まちごとチャイナ
重慶004大足
～天国と地獄の「石刻絵巻」［モノクロノートブック版］

2018年11月8日　発行

著　者	「アジア城市（まち）案内」制作委員会
発行者	赤松　耕次
発行所	まちごとパブリッシング株式会社
	〒181-0013　東京都三鷹市下連雀4-4-36
	URL http://www.machigotopub.com/
発売元	株式会社デジタルパブリッシングサービス
	〒162-0812　東京都新宿区西五軒町11-13
	清水ビル3F
印刷・製本	株式会社デジタルパブリッシングサービス
	URL http://www.d-pub.co.jp/

MP204

ISBN978-4-86143-342-9 C0326　　　　Printed in Japan
本書の無断複製複写（コピー）は、著作権法上での例外を除き、禁じられています。